Mille chemins vers la chance

Mille chemins vers
la chance

Robert Allen

Albin Michel

Sommaire

Introduction

Il y en a qui ont toujours de la chance – du moins, c'est l'impression qu'ils donnent. Alors que d'autres semblent attirer les ennuis. Certains sont chanceux en amour ; d'autres réussissent tous leurs coups, remportent tous les paris. Mais qu'est donc cette énigme que nous appelons la chance ? Existe-t-elle vraiment ou s'agit-il juste de se trouver au bon endroit au bon moment ? Est-ce le résultat des risques que nous prenons, de nos décisions, de nos choix, ou encore de ce que nous apprenons de nos erreurs et qui nous prépare à la suite ?

Imaginons un instant que le mot « chance » n'existe pas, mais que nous ayons à la place un terme qui exprime la présence d'opportunités pour tous – à condition d'être assez perspicace pour les reconnaître lorsqu'elles se présentent, de prendre les bonnes décisions et d'agir en conséquence. Dans ce cas, la chance serait constamment à notre portée, même lorsque nous nous sentons poursuivis par la guigne...
Vue de cette manière, la chance n'est plus vraiment un phénomène mystique ou magique mais plutôt le résultat de nos actes – tant il est vrai qu'on n'a rien sans rien et que pour gagner, il faut participer.
Il serait réducteur de ne visualiser la chance que sous la forme d'un gros gain à la loterie ou d'une arrivée en première place. La chance est accessible à tous, à condition de prendre le temps d'en détecter les signes tout au long du chemin.

Bonne chance !

En veine ?

La vie nous met souvent face à des situations difficiles, parfois les pires que l'on puisse imaginer. Pourtant, nous finissons toujours par nous en sortir vivants et, rien que pour cela, nous pouvons nous estimer heureux.

La chance apparaît souvent sans crier gare. Il faut savoir l'apprécier là où elle se trouve, tant qu'elle dure.

Nous avons tendance à prendre les résultats de nos efforts pour ceux de notre perception, de notre intelligence, de notre sagesse, de notre discipline et de notre travail sans prêter grande attention au hasard, à l'accidentel, à la passion, aux coïncidences et à la chance.

Il est plus facile de partir les mains vides lorsqu'on est conscient que, d'une manière ou d'une autre, la bonne fortune se paie toujours.

Rien n'est plus vexant que de dire à quelqu'un qui réussit grâce à son expérience et son aptitude à rester concentré dans l'adversité qu'il a beaucoup de chance.

Les personnes gentilles et généreuses envers les autres ont plus de chances qu'on leur propose de l'aide dans les moments difficiles. On trouve souvent qu'elles ont de la chance.

On dit qu'il ne faut jamais vénérer de fausses idoles ; pourtant, la chance est probablement la pire de toutes puisque ce sont surtout les paresseux qui la glorifient.

Nous avons tous besoin que l'on nous rappelle de temps à autre que nous valons mieux que ce que nous croyons. Nous voyons des gens réussir autour de nous et nous les considérons comme supérieurs alors qu'ils ne sont pas différents de nous, si ce n'est qu'ils ont la chance de croire en eux et en tout ce qu'il font.

La chance ne connaît pas de limites. Mise sous forme de mots, une vie ratée peut devenir le best-seller ou le succès hollywoodien de demain.

Avancez dans la vie, les oreilles et les yeux grands ouverts. On ne sait jamais ce que vous pourriez avoir la chance d'entendre ou de voir.

Du bon temps jadis,
Je laisse parler les autres ;
Je m'estime heureux d'être né si tard.

Ovide

Une personne véritablement chanceuse est plus rare qu'un corbeau blanc.

La chance s'attrape par les cheveux, mais elle est chauve.

Stendhal

S'il ne faut pas placer toute sa foi et sa confiance dans la chance, nier son existence serait tout aussi excessif.

La chance est un vaisseau vide qu'il faut guider habilement. Si vous attendez sur la rive qu'il vogue vers vous, vous l'attendrez éternellement. Et en vain.

Les porte-bonheur ne sont guère plus que des béquilles émotionnelles. Quand vous caressez votre patte de lapin pour attirer la chance, souvenez-vous que le lapin, lui, n'en a pas eu.

La chance et la malchance existeront toujours et elles auront toujours un prix. Le sage accepte aussi bien l'une que l'autre. Le moins sage n'accepte que la chance et ressent la malchance comme un abandon.

Vous pouvez attribuer vos échecs de la journée au fait de vous être levé du mauvais pied, ou vous pouvez avoir la chance de comprendre que si les choses vont mal, c'est à cause de votre propre entêtement.

Nombreux sont les politiciens et les chefs d'État qui maudissent leur malchance d'être nés honnêtes.

Aidez la chance : soyez à l'affût des opportunités et ouvert à toutes les possibilités.

C'est lorsqu'on ne trouve plus de raison de croire en soi que l'on décide de faire confiance à la chance.

Lorsque nous nous plaignons des conséquences de nos propres comportements à risques, nous ne faisons rien d'autre que refuser la responsabilité de nos actes. Dans ce cas, ce n'est pas la chance qui nous a laissé tomber mais nous-même.

La chance ne donne pas ; elle prête.

La vie est faite de choix. Dans les situations qui ne semblent pas en exiger un, il y a une possibilité sur deux pour que la chance entre en jeu.

La chance, c'est non seulement d'être entouré de gens qui vous aiment et vous chérissent mais aussi d'avoir assez de bon sens pour s'en rendre compte.

La vie n'est pas un conte de fée. Les scénarios ne finissent pas tous par : « Ils vécurent heureux… » Cependant, l'existence n'est pas non plus un film catastrophe. Soyez à l'affût des opportunités et, avec un peu de chance, il se pourrait fort que tout se passe pour le mieux.

La chance, c'est surtout savoir prendre les bonnes décisions lorsque des opportunités se présentent.

Un bon coup chance, c'est mieux que de se lever tôt.

proverbe irlandais

Si l'on croit toute sa vie que tout dépend de sa chance, on est condamné à mourir d'espérer. Celui qui est condamné à monter sur l'échafaud à midi pile n'a qu'à accuser sa malchance et espérer que la corde casse ou que la pendule tombe en panne.

Quand on a eu la chance de connaître des gens et des endroits merveilleux, où que l'on aille, on les garde avec soi toute la vie.

Quand on a une imagination fertile et qu'on est capable de mettre ses idées en pratique, on n'a pas vraiment besoin de chance.

La chance disparaît quand on l'analyse trop. À trop chercher les bonnes conditions, le bon nom, le bon chiffre, le bon moment ou le bon endroit, on finit par lui tourner le dos.

Mourir est différent de ce que tout le monde croit, et bien plus heureux aussi.

Walt Whitman

Ne vous vantez pas trop, soyez bon perdant, gagnez de l'argent, payez ce que vous devez et, si vous gagnez, faites-le en douceur.

La chance accompagne ceux qui n'ont de cesse de faire de leur mieux.

À l'exception de la tarentule, toutes les araignées portent bonheur. Plus elles sont grosses, plus la chance est grande.

Si l'on veut voir la chance en action, mieux vaut prendre tous les risques aux cartes ou aux dés et s'attendre à gagner ou perdre, parce qu'au travail, on ne doit ses résultats qu'à soi-même.

On dit qu'une relation repose sur la confiance en l'autre, c'est vrai jusqu'à un certain point. Le reste dépend du hasard de la rencontre.

Grattez la surface de la malchance et vous trouverez le moyen de faire tourner la fortune en votre faveur.

Est-il possible d'évaluer ses chances ? La seule chose que l'on puisse affirmer, c'est que la réponse la plus probable est « aucune » pour qui n'a pas la volonté d'agir.

Rien de bon n'arrive par la superstition.

Adam est le saint patron de la chance misogyne parce qu'il n'avait pas de belle-mère.

Ne sous-estimez jamais l'importance de la diligence car elle est la mère de la chance.

Voir un vieil ennemi dans la déveine est un plaisir inégalable.

La chance est une créature incontrôlable. On dirait qu'elle cherche ceux qui la fuient et fuit ceux qui la cherchent.

La chance, c'est avoir un bon repas sur la table et les papilles gustatives qu'il faut pour l'apprécier.

Beaucoup pensent que certains numéros portent bonheur ou malheur. Il y aura toujours quelqu'un pour faire des pieds et des mains ou dépenser des sommes ridicules pour obtenir un numéro de téléphone, une plaque d'immatriculation ou même une adresse « porte-bonheur ». Curieusement, on estime généralement que le gagnant du loto est chanceux alors qu'il faut forcément qu'il y en ait un – ce qui prouve que le fait qu'il y ait un gagnant n'a rien à voir avec la chance.

Ne croyez personne sur parole et découvrez par vous-même que plus vous travaillez dur, plus la chance vient vers vous.

Demandez-vous si vous voulez passer votre vie à attendre la chance ; ou s'il est plus important de compter pour les autres, de savoir que votre existence a une influence sur le monde, d'être productif et de stimuler votre entourage. Nul n'est plus heureux que celui qui, de son vivant, connaît le sens de l'accomplissement personnel.

Une superstition ne porte pas toujours bonheur à tout le monde. Certains, par exemple, sont persuadés que changer ses draps un vendredi attire les cauchemars. Partant de ce principe, si l'on doit dormir à l'hôtel un vendredi soir, on est soit condamné à ne pas fermer l'œil de la nuit, soit à coucher dans des draps douteux !

La pauvreté ne fait pas forcément d'un individu un meilleur candidat à la chance. Elle ne le rend pas plus éligible. Pourtant, on préfère toujours que la chance tombe sur un pauvre plutôt que sur un riche.

L'efficacité attire la chance.

Tout le monde connaît la chance au moins une fois dans sa vie, mais nombreux sont ceux qui ne prennent même pas la peine d'aller ouvrir quand elle frappe à la porte.

Faites toujours de votre mieux et vous aurez peut-être la chance de découvrir que vous pouvez faire encore mieux que ce que vous pensiez.

Un gramme de chance vaut plus qu'un kilo d'or.

L'être humain est pratiquement capable de tout. Hélas, son problème est qu'il sait rarement ce qu'il veut.

En vérité, personne ne viendra jamais vous rendre riche et célèbre. Pour cela, il faut travailler dur. Si votre talent et votre volonté survivent au découragement et aux innombrables difficultés, une heureuse coïncidence vous donnera peut-être un coup de pouce.

La chance, c'est du travail : plus on travaille, plus on en a.

Dans un monde si sceptique envers la chance et la superstition, comment se fait-il que huit grands bâtiments sur dix n'aient pas de treizième étage ? Pourquoi n'y a-t-il pas de porte 13 à l'aéroport et pas de rangée n°13 dans l'avion ? Essayez de demander la chambre 13 dans un hôtel ; et imaginez donc ce qu'on aurait pensé d'Apollo 13 !

Un fainéant prend facilement pour de la chance la réussite d'un travailleur.

Le comble de la chance, c'est de naître plein de volonté et capable de surmonter toutes les infortunes de la vie.

En considérant la chance avec objectivité, on s'aperçoit que ce que l'on appelle ainsi a généralement tendance à tourner le dos à ceux qui en dépendent.

En fait, la chance est assez prévisible. Pour en avoir plus, il faut s'activer. Il suffit souvent de se rendre au bon endroit ou de tenter le coup.

La chance n'a ni passé ni avenir.
Qui en parle ne la fait pas venir.
Qui l'a aujourd'hui ne l'a peut-être jamais eue,
Et demain, peut-être, ne l'aura plus.

La chance n'existe pas.
Ce n'est qu'un joli nom donné au fait de toujours accomplir sa tâche et de se tenir prêt pour quand il le faudra.

Edward G. Bulwer Lytton

La chance n'a aucun sens jusqu'au jour où l'on s'émerveille de celle que l'on a.

Celui qui accumule les échecs vous dira toujours que la réussite n'est qu'une question de chance.

En soi, la chance ne mène nulle part. C'est ce que l'on en fait qui détermine la destination.

Certains naissent vraiment sous une bonne étoile. Heureux dans leur travail et ses résultats, ils vivent deux fois plus longtemps que ceux qui passent leur existence à ruminer leurs malheurs. C'est comme s'ils avaient deux vies, et ça, c'est vraiment une sacrée chance.

Quand on s'est donné à fond, vraiment à cent pour cent, ce qui reste, c'est de la chance.

Quiconque a la chance d'être un « personnage » dès sa naissance peut rire même de la mort. Parce qu'un « personnage » ne meurt jamais ! Un homme meurt, l'écrivain, l'instrument de la création : mais ce qu'il a créé ne meurt jamais !

Luigi Pirandello

Peut-on contrôler la chance ? On dit souvent que la chance consiste à se trouver au bon endroit au bon moment. Étant donné qu'il est possible d'aller où on veut quand on veut, il est possible que la chance soit contrôlable, au moins jusqu'à un certain point.

Dans la vie, on demande souvent des explications pour tout, mais rarement pour la chance, que l'on accepte sans se poser de questions.

Quand elle a l'impression de ne pas progresser assez vite, une personne impatiente maudit la poisse. Une personne objective, en revanche, est satisfaite de son rythme, et attentive à ne pas partir dans la mauvaise direction.

En faisant tout pour obtenir ce que l'on veut, on extériorise son intérieur. C'est ce que les oisifs appellent de la chance.

Pour attirer la chance, il faut savoir s'adapter aussi courageusement et gaiement que possible aux moments difficiles.

Quand on prend du recul pour analyser sa vie et la chance que l'on a, on découvre que les bonnes choses, les amis, les amours et les opportunités ne sont pas arrivés par hasard mais grâce à des actes délibérés et soigneusement choisis.

Qui sait ce que sont
la bonne ou la
mauvaise fortune ?
proverbe zen

Si l'on tient absolument à vénérer la chance, mieux vaut aussi vénérer la prévoyance !

La déesse de la Chance favorise les personnes d'action.

Pour avoir de la chance, il faut autant ouvrir son esprit et son cœur que rester attentif aux opportunités.

Pour qu'un objet nouvellement acquis porte bonheur, il faut cracher dessus avant de l'utiliser.

Un esprit chanceux est aussi patient qu'actif. La facilité et la vanité repoussent la chance.

La chance existe. Sans cela, comment expliquerait-on la réussite des autres ?

Marcel Achard

Il faut vraiment beaucoup de sagesse pour faire d'un accident quelque chose de positif, et une grande folie pour faire d'une chance un désagrément.

Les probabilités d'avoir de la chance sont les mêmes pour tous, mais ceux qui tiennent bon face à l'adversité sont souvent plus prêts que les autres lorsque la chance se présente.

Il faut prendre la chance pour ce qu'elle est : une foi en la relation de cause à effet ; il ne suffit pas de croire superficiellement aux circonstances.

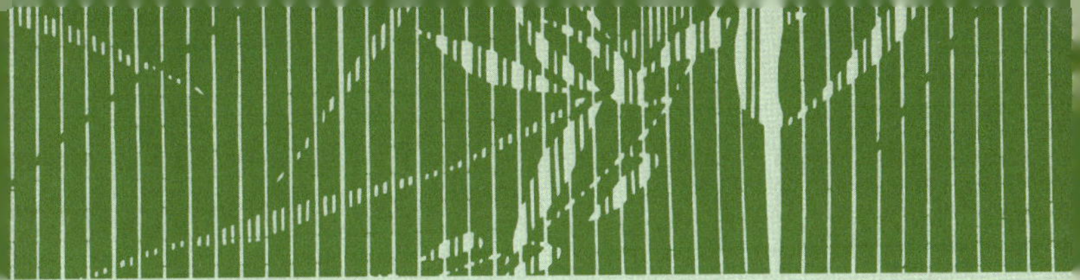

Il ne faut pas être superstitieux : ça porte malheur !

Quand on a le malheur d'être superstitieux, la malchance redouble le vendredi, et va jusqu'à tripler les vendredis treize.

Quel dilemme ! On dit que si l'on rejette son premier poisson à l'eau, la pêche sera bonne toute la journée. Par ailleurs, on dit aussi que si on compte les poissons que l'on prend, on en sera quitte pour rentrer bredouille le lendemain. Mais comment savoir quel est le premier poisson si on ne les compte pas ? Il semblerait bien que la superstition mène à la famine !

Certains pensent que s'ils trouvent une lampe magique et la font briller, un génie va apparaître et exaucer trois vœux. S'ils avaient vraiment de la chance, ils remarqueraient les taches sur le tapis, là où ceux qui ont essayé avant eux n'ont réussi qu'à renverser de l'huile !

La chance est passagère, éphémère et inexplicable. Lors de krachs boursiers , on a vu se suicider des gens en manteaux de fourrure et dégoulinants d'or – un or que, sans en croire leurs yeux, des pauvres se réjouissent de ramasser.

Soit vous attendez que le poisson vous saute dans les bras, soit vous mettez un appât au bout d'une ligne et lancez le bouchon !

Travaillez dur chaque jour et vous deviendrez chanceux.

Il y en a qui voudraient du beurre sur leur chance.

Thomas Hardy

La chance n'a aucun sens si elle se présente sous la forme d'une opportunité que vous êtes incapable de gérer.

Le même lopin de terre peut aussi bien donner un simple en-cas qu'un véritable festin. Cela n'a pas grand-chose à voir avec la chance mais plutôt avec l'honnête labeur et la patience.

Il n'est pas rare d'attribuer sa chance à son bon sens et sa malchance aux dieux.

Le monde devient un endroit si dangereux qu'il faut énormément de chance pour en sortir vivant.

W. C. Fields

On ne peut pas tout savoir de la chance. La seule certitude, c'est qu'elle tourne. Acceptez cela et elle ne vous laissera jamais tomber.

S'en sortir avec un coup de chance sans se faire remarquer est à peu près aussi facile que de plumer un poulet vivant sans qu'il s'en aperçoive.

La chance est comme la vérité : c'est un fruit qui se cueille à maturité.

Il est curieux que certains semblent si pressés de rencontrer la malchance sur leur chemin.

Peut-on parler de chance lorsqu'on voit certains persévérer et d'autres, découragés, abandonner ?

Peut-on parler de chance lorsque certains ont travaillé dur pour obtenir des choses qui comptent alors que d'autres sont restés à ne rien faire ?

La chance, c'est le sens de l'objectif guidé par la ténacité.

Lorsqu'un système fonctionne bien, on le doit rarement à un coup de chance. En général, il s'agit du fruit d'un long processus d'essais, d'erreurs et d'incessantes modifications.

Avec de l'abnégation, du travail et un sens aigu de l'objectif, on a plus de chance de parvenir à un succès qu'à un échec. Pourtant, beaucoup attribueront cette réussite à la chance.

La chance, c'est savoir exploiter une situation particulière au bon moment. Pour cela, l'attitude à adopter, c'est : « Oh ! Regarde, c'est ici ! » Il faut se débarrasser du syndrome : « Trop tard, c'est passé… »

Rien ne renvoie mieux quelqu'un à ses propres carences que ces quelques mots bien intentionnés : « Oh, quelle malchance ! »

Ce qui ne repose que sur la chance est dénué de grandeur.

La chance est un dividende de la sueur et du labeur.

La plus grande des chances est d'avoir du talent. Le plus grand des talents et de savoir remarquer celui des autres et l'exploiter.

Le secret d'une vie paisible, c'est de faire en sorte que ni la chance ni la malchance ne puissent y jouer un rôle.

La fortune, bonne ou mauvaise : tel est le nom de celle que l'on accuse toujours.

Qu'il réussisse ou qu'il échoue, lorsque quelqu'un est énergique, droit, conscient et diligent, on dira toujours qu'il a de la chance.

Dans les périodes de progression comme dans les moments de régression – et aussi doué que l'on puisse être –, il est toujours pratique de croire que la chance joue un rôle important.

Si l’on peut perdre une vie entière à compter sur la chance, il n’en est pas moins certain que la plus grande de toutes les chances est celle que nous nous créons.

Les plus vils d’entre nous mènent une existence tragique jusqu’à une fin misérable ; quand la vie des meilleurs s’achève, c’est toujours un malheur.

On dit que trouver un trèfle à quatre feuilles porte bonheur. Le trèfle est censé protéger les humains et les animaux contre les sorts des magiciens et des mauvaises fées.

Dans la vie, mieux vaut être respecté pour son mérite que pour sa chance.

Certains ont la malchance de naître chanceux. Ils sont trop beaux ou réussissent tout, par exemple, et comme leur entourage trouve que cela fait trop, ils lui infligent leur indifférence, leur jalousie, leur colère et leur irritation.

La plus grande des chances se trouve dans le bonheur mais ce dernier est très fragile. Ne forcez jamais votre chance en essayant de l'analyser.

La malchance est parfois magnétique. On le constate en voyant des gens foncer la tête la première dans des malheurs qui ne leur semblaient pas destinés.

Il y a peu de chances que quelqu'un qui passe son temps à se plaindre de sa mauvaise fortune soit réellement une personne malchanceuse, mais plutôt quelqu'un qui souffre des conséquences de sa propre négligence.

Chance, fatalité, destin

Le destin n'est pas une question de chance. Il résulte de choix personnels. Il ne faut pas l'attendre, mais agir pour qu'il se réalise.

Nos actes sont les graines de la fatalité, il suffit de les planter et de les entretenir pour qu'ils poussent jusqu'à devenir notre destin.

Si vous n'agissez pas, la fatalité vous tombera dessus.

Le tragique de la destinée humaine ne vient-il pas de ce que l'homme comprend qu'il en connaît assez pour savoir qu'il ne connaît rien de sa destinée, et qu'il n'en connaîtra jamais suffisamment pour savoir s'il y aura autre chose à connaître.

Henri Laborit

Ne reprochez pas à la fatalité de vous donner de mauvaises cartes. Faites le meilleur usage possible de celles dont vous disposez et bluffez de votre mieux.

Celui qui se contente d'observer attribue toujours les mauvaises choses à la fatalité et les bonnes au talent.

Dès que nous rencontrons un obstacle, « fatalité » est le premier mot qui nous vient à la bouche.

Tout le monde essaie de conserver sa jeunesse, son innocence, ses richesses et son niveau de vie. Pourtant, jeunesse, fortune, naissance et inexpérience sont tous potentiellement source de ruine. Voyez le destin de ceux qui, à un moment donné, sont en possession des quatre à la fois.

On devient aventurier par fatalité et non par choix.

Tous les jours, tout change et personne n'échappe à cette fatalité collective. C'est pour cela que notre fortune tourne constamment et que nous dépérissons progressivement.

Contrairement à ce que nous aimerions croire, nous ne sommes pas prisonniers du destin. En revanche, le croire nous rend prisonniers de notre propre esprit.

Pour certains, le destin s'élève comme un aigle dans le ciel, alors que pour d'autre, moins chanceux, il rampe dans l'herbe comme un serpent.

Ne recherchez ni une vie d'amusement perpétuel, ni une vie de chagrin. Faites plutôt en sorte que chaque lendemain soit une avancée sur le chemin que vous empruntez aujourd'hui.

Celui qui, sans réfléchir, demande aux diseuses de bonne aventure de quoi son futur sera fait perd sa propre intuition des événements à venir, qui est pourtant mille fois plus fiable que tout ce qu'il pourra jamais entendre. Il avance par inertie plutôt que par curiosité, et rien n'est plus différent de l'apathie soumise avec laquelle il écoute son destin lui être révélé que la vive habileté de l'homme de courage qui prend son destin en main.

Walter Benjamin

Lorsqu'on ne peut pas changer son sort, il est temps de changer d'attitude.

Il y a toujours un potentiel.

Le destin régit les affaires des hommes. Malheureusement, il ne le fait pas dans un ordre compréhensible.

Pour être maître de son destin, il faut commencer par le vouloir.

Toutes les craintes et tous les espoirs de l'humanité dépendent de la fatalité.

Si, au lieu de dire « planète Terre », nous disions « vaisseau spatial Terre », peut-être que tout le monde comprendrait que nous dépendons tous d'un destin commun et que chacun devrait y mettre du sien.

Tout ce qui est humain est sujet à la décrépitude et, quand la fatalité ordonne, les monarques obéissent.

John Dryden

Le destin n'est qu'une terre inexplorée. Il est constitué de faits que nous finirons bien par découvrir mais que notre pensée n'a pas encore analysés.

Qui a travaillé dur pour réussir et met tout sur le compte de la chance se ment à lui-même.

Qu'est-ce que la fatalité pour un homme chanceux ? Si vous le jetez à la mer, il remontera sûrement à la surface avec une perle coincée entre les dents.

La superstition
est à la religion
ce que l'astrologie
est à l'astronomie,
la fille très folle
d'une mère
très sage.

Voltaire

Apprenez à ouvrir votre cœur à tout ce que le destin vous apporte, puis levez-vous et commencez à agir. Recherchez l'accomplissement et, plutôt que d'attendre, avancez.

Les gens ordinaires ont beau avoir tendance à être passifs, ils se croient souvent maîtres de leur destin. Pourtant, ils se sentent impuissants face aux grands phénomènes et restent paralysés comme des animaux terrifiés lorsqu'une tornade vient vers eux alors qu'ils devraient tout faire pour influencer les événements ou s'écarter de leur chemin.

Tout abandonner à la chance, à la fatalité ou au destin équivaut à monter dans sa voiture, fermer les yeux, croiser les bras et appuyer sur l'accélérateur en espérant avoir la chance d'arriver à destination sans encombre.

Ne restez pas immobile à subir ce que la vie vous envoie. Le destin exige parfois que l'on s'active un bon coup.

Lorsqu'un ami meurt, nous devrions considérer que, pour des raisons de confiance, le destin nous demande de vivre deux fois et qu'il nous faut désormais accomplir, au sein de notre propre vie, ce que l'existence de notre ami promettait au monde.

Henry David Thoreau

De nos jours, notre destin dépend moins de notre naissance ou de notre mariage que de notre cadre de travail, car nous y passons le plus clair des heures d'activité de nos meilleures années.

Si quelqu'un est persuadé que son destin est de se noyer, il y a de fortes chances que cela finisse par arriver, même dans une flaque d'eau ou une assiette de soupe.

Parfois, nos bras sont tellement occupés à parer les coups du destin que nous sommes incapables d'attraper le potentiel de notre avenir. Dans ce cas, il faut lâcher prise.

Le destin de l'amour est toujours d'être perçu comme trop petit trop tard ou trop grand trop tôt.

Si quelque chose peut déterminer notre destin, c'est notre caractère.

Si l'on est maître de son destin, on ne peut pas se plaindre quand tombe une sentence sévère.

En tant qu'humains, nous avons la chance de pouvoir contrôler nos pensées et nos attitudes. Cela nous rend maîtres de notre destin et capitaines de notre âme.

Soit il a trop peur de son destin,
Soit il ne mérite presque rien,
Celui qui craint de tout oser,
Pour tout perdre ou gagner.

James Graham

Le fort fonce courageusement, la tête la première, vers le danger alors que le faible panique. Un être supérieur se tient droit face à son destin et endure sans fléchir de telles situation, conforté par ses certitudes intérieures.

La pire forme d'esclavage est de ne croire qu'au destin. On passe sa vie à genoux, en espérant émouvoir Dieu par ses prières, alors que l'on pourrait déplacer des montagnes si, simplement, on était prêt à se lever pour essayer.

Toute vie a ses jours de pluie.

Les difficultés ne portent pas malheur, elles apportent à la fois joie et chagrin, qui sont tous deux appréciables pour des raisons différentes.

Il se peut que tous les êtres soient voués au bonheur.

Le manque ou l'excès de moralité n'ont rien à voir avec le destin, ce ne sont que des faiblesses de l'esprit.

Le destin d'un pays repose entre les mains de ceux qui sont responsables de l'éducation.

Le destin et le génie d'une nation sont influencés par le commerce et la politique, pas par la chance.

Essayez d'être comme un chat qui remue la queue satisfait de son sort.

Il suffit d'avoir médité sur l'art de gouverner l'humanité pour être convaincu que le destin des empires dépend de l'éducation de la jeunesse.

Aristote

On peut surmonter la fatalité si on en a la patience.

Qu'on le veuille ou non, c'est le sort de l'humanité : quand les circonstances s'y prêtent, quelques commentaires d'arrière-salle peuvent déterminer le destin d'une nation.

Si on le brave, le destin abandonne
la plus haute étoile.

Lord Byron

Comme la rivière naît de sa source, le destin peut naître des choses les plus anodines.

C'est la folie prédestinée de l'humanité que de créer sa propre fortune et l'appeler fatalité.

Seul le fou cherche à connaître son destin. C'est là où il y a déjà de la joie qu'il se cache le mieux.

Le destin n'est rien de plus que les actes que l'on a commis dans une forme de vie antérieure.

Ralph Waldo Emerson

N'en doutez pas : n'importe qui verrait son chagrin s'accroître s'il savait dès aujourd'hui ce qui l'attend demain.

Si l'on doit vraiment
croire au destin,
autant croire qu'il
est positif.

Nul ne peut savoir ce que le destin lui réserve mais rien nous interdit de penser, en notre for intérieur, que tout va très bien se passer et de vivre avec cette idée en tête.

La fatalité se produit en permanence.

Tant que l'on ne prend pas conscience d'une situation intérieure, on la prend pour une fatalité.

Carl Gustav Jung

Pouvons-nous changer notre destin ? Seulement lorsque la raison humaine est plus forte que lui.

Le destin guide ceux qui le suivent et traîne derrière lui ceux qui lui résistent.

Pleines de raison sont les ordinations du destin.

Friedrich von Schiller

Le destin nous donne les cartes et c'est à nous de les jouer.

Acceptez le destin et allez de l'avant.

Ne vous laissez pas aller à vous apitoyer sur votre sort. Se comporter en victime est néfaste pour l'avenir.

Partout où nous mène le destin, suivons-le.

Virgile

Le destin est une réaction en chaîne. Il est la cause de tout effet, la raison pour laquelle les choses sont telles qu'elles sont et pour laquelle le monde doit continuer de tourner.

Le plus grand malheur de l'humanité est que, dans les meilleurs moments comme dans les plus difficiles, nous continuons à redouter le pire.

Avec un peu de chance, quand le temps viendra, nous trouverons la force d'affronter nos craintes, de défier le destin, de refuser les compromis et d'être héroïques.

Contre la fatalité, il n'existe ni antidote ni armure.

La souplesse et le bien-être rendent l'amitié des gens très agréable tant qu'elle dure. Elles la rendent également très facile à détruire à la moindre occasion.

Le bonheur et la chance sont toujours en équilibre précaire. Il suffit d'un coup du sort, de quelques mots mal choisis, d'un gribouillis sur un bout de papier, d'un décès ou du fait que quelqu'un change d'avis pour se retrouver, en un clin d'œil, seul et démuni.

Il faut remplacer notre dépendance au destin par une série d'objectifs clairs. Ils ne déterminent pas forcément notre avenir, mais si nous ne nous décourageons pas, ils peuvent nous permettre d'utiliser notre énergie et nos ressources pour nous construire un avenir.

C'est une grande chance de réaliser à temps que le nombre d'années qui nous restent à vivre n'est pas illimité. Tant qu'on en est capable, il faut s'efforcer d'en faire bon usage.

Pour trouver son chemin dans le champ de mines du destin et parvenir à des résultats heureux, il faut apprendre à reconnaître ses idées et dépasser le stade de la contemplation en adoptant une forme d'action intérieure ou extérieure.

Nos idées constituent notre plus grande force, le chemin le plus sûr vers la chance, car elles exigent évolution et action. Elles concentrent notre vision, déterminent nos priorités et ne doivent pas être confiées au hasard.

La chance ne se présente jamais quand la vie est si chaotique qu'il est impossible de déterminer ses priorités morales et intellectuelles.

C'est le destin des grands de ce monde de n'être vraiment appréciés qu'après leur mort.

Nous allons tous à notre dernière demeure sans ceci ou cela, ou sans avoir accompli telle ou telle chose. Que cette pensée vous apporte un destin plus heureux.

L'homme est homme parce qu'il a la liberté d'agir dans le cadre de son destin. Il est libre de délibérer, de prendre des décisions et de choisir les meilleures alternatives.

Theodore Roosevelt

Tant que quelqu'un continue de penser, son intellect le sauve des périls du destin.

Ne passez pas ce jour vainement, il ne reviendra pas.

Si on abandonne tout au destin, les plus pauvres continueront d'engraisser les plus riches.

Il semble que vivre seul soit le destin de toutes les grandes âmes.

Nul n'est plus chanceux que celui qui accepte ce que lui apporte le destin, et qui aime de tout son cœur les gens qu'il lui fait rencontrer.

L'amour n'est pas un plat parmi tant d'autres au buffet de nos choix. C'est le plat de résistance du festin de notre destin.

Qu'on l'atteigne ou non,
un objectif embellit la vie ;
essayez d'être
Shakespeare et laissez le
reste au destin.

Robert Browning

Lorsque l'on est désenchanté par le destin, on se met à dépeindre sa vie en la rationalisant et l'intellectualisant.

Sois l'auteur de ton salut.
Ne dépends pas des
autres.

Bouddha

Ce n'est pas un hasard si l'art le plus populaire est souvent plus intime que monumental.

Ce n'est pas en transférant dans sa vie spirituelle toutes les valeurs que l'on attend de la vie publique que l'on résoud beaucoup de problèmes. La méditation transcendantale, à titre individuel, pourquoi pas ? Mais il faut une véritable fraternité et une véritable attention à l'autre pour espérer remettre un peu d'ordre dans le monde.

Un monde sans destin est comme une pensée sans monde.

Pour avoir de la chance en amour, il faut hurler dans les oreilles du destin, prendre des risques et suivre ses impulsions sans se préoccuper de l'immortalité de l'âme ni renoncer à l'absolu.

L'imprévisibilité qui règne sur les activités humaines est un effet secondaire de nos agissements et n'a que peu de rapport avec le destin.

Il semble que l'homme se contente facilement d'accepter que son destin soit d'être dans l'erreur et d'y rester sans rien tenter pour en sortir.

À un moment ou un autre, tout le monde est maître de son destin.

Le destin est un tricheur qui s'en prend souvent à nous lorsque nous sommes dans la détresse. Il nous apporte aujourd'hui ce qui nous aurait été utile demain.

Il n'est pas de plus triste sort que de laisser son destin être forgé par des politiciens alors que l'histoire nous montre que les gens de réelle valeur ne s'engagent pas dans la politique. Telle est la triste réalité : notre destin repose entre les mains de personnes sans idéaux ni grandeur.

La meilleur façon d'apprendre la valeur des choses est d'avoir eu pour destin de naître dans la pauvreté.

Nous sommes le produit de nos pensées et de nos actes. L'opinion publique n'a pas d'importance, ou très peu, mais ce que nous pensons de nous-même détermine notre destin.

Si vous voulez prendre le contrôle de votre destin pendant un moment, sortez de chez vous et dites quelque chose de gentil à quelqu'un ou faites une bonne action. Ensuite, prenez le temps d'observer la réaction en chaîne.

On ne peut pas refaire le gâteau qui vient de brûler mais on peut en faire un autre avec plus de confiance et de chances de réussite.

Il n'y a pas de place pour la chance dans une doctrine qui affirme que la seule voie vers le paradis est le sacrifice, de soi ou des autres. Ceux qui suivent de tels préceptes risquent tout alors que ceux qui les professent seraient les derniers à le faire.

Vénérez le destin et vous deviendrez son esclave ; il ne vous restera que du temps, la mort et des pensées destructrices.

Chacun d'entre nous porte en lui tout ce dont il a besoin – son destin, son futur et son univers tout entier. Ainsi doté, on n'est jamais seul et, aussi bas que l'on puisse tomber, on est toujours capable de s'aider soi-même et de donner un coup de main à ceux qui sont aussi au fond du gouffre.

En vérité, tout ce qui nous arrive, en bien comme en mal, a souvent moins à voir avec le destin qu'avec ce que nous avons fait ou pas fait.

Pour maîtriser le destin, il faut utiliser la force humaine ; et si, après cela, on n'a toujours pas réussi, au moins on ne peut en vouloir à personne.

La nature de notre destin est moins importante que le fait de le maîtriser.

Pour être vraiment libre, il faut toujours chercher à s'élever au-dessus de tout le reste : le climat et les éléments, l'environnement, la tyrannie, la culture, l'influence, le tempérament, l'humeur, la famille, les amis, le pouvoir, tout. C'est ainsi que l'on découvre son véritable destin, son caractère.

Le destin de quelqu'un, c'est son propre caractère.

Benjamin Disraeli

Que notre philosophie soit la force de caractère ! Savoir endurer son destin, c'est le conquérir.

Notre pire crainte devrait être de se résigner à avoir un destin insignifiant.

Le destin de la vérité est de commencer comme une hérésie et de finir en superstition.

Je connais mon destin. Un jour, mon nom sera associé au souvenir de quelque chose d'effrayant – d'une crise telle que la Terre n'en avait encore jamais connue, du plus profond des conflits de la conscience, d'une conviction évoquée contre tout jusqu'à ce qu'on y croie, qu'on l'exige et la sanctifie. Je ne suis pas un homme, je suis de la dynamite.

Friedrich Nietzsche

Ce qu'il y a de plus étrange, fascinant et terrifiant chez l'homme, c'est que ses décisions les plus irrévocables naissent inévitablement d'un état d'esprit dont le destin n'est pas de durer.

Le fait même que nous soyons en vie signifie que nous somme destinés à quelque chose.

C'est le destin de l'humanité d'aller et venir avec les marées du temps, mais ce que nous laissons derrière nous est éternel.

Imaginez ce que ce serait de découvrir que ce que nous croyons faire de notre propre volonté est lié au cours de l'histoire toute entière et prédestiné depuis la nuit des temps.

Si vous pensez que votre destin est de passer votre vie comme un prisonnier de votre propre esprit, meublez-le bien.

Par chance, il y en a dont le destin est de bien raisonner et d'autre dont le destin est de mal raisonner ; et d'autres encore dont le destin est de ne pas raisonner du tout. Malheureusement, il y en a dont le destin est de persécuter ceux qui raisonnent.

Si vous êtes vraiment maître de votre destin, avoir Cléopâtre ou la Femme à barbe pour compagne devrait vous laisser indifférent.

Ogden Nash

Nous naissons tous égaux et prédestinés à avoir notre libre arbitre.

On n'emporte pas dans sa tombe ce que l'on a accumulé pendant sa vie. Celui qui meurt riche meurt vainement par rapport à celui qui rejoint sa dernière demeure après avoir distribué sa fortune aux pauvres.

Certains ont la chance de naître assez forts pour supporter ce que le monde leur envoie. C'est ainsi que l'on peut conquérir son propre destin.

De la conduite de chacun dépend le destin de tous.

Le risque et la chance

Avec du courage et en prenant quelques risques, on a des chances de faire quelque chose de sa vie.

Lorsqu'une femme se remarie, c'est parce qu'elle détestait son premier mari.
Lorsqu'un homme se remarie, c'est parce qu'il adorait sa première femme.
Les femmes tentent leur chance ; les hommes jouent la leur.

Oscar Wilde

Lorsque l'on prend des risques, on accepte celui de perdre. Mais sans jouer, on ne risque pas de gagner.

Ignorez les oiseaux de mauvais augure. Prenez des risques, faites des choix courageux. Michel-Ange a peint le plafond de la chapelle Sixtine alors qu'il aurait été plus facile d'en décorer le sol.

La petite voix de la peur ne manque jamais de nous rappeler que les autres sont plus beaux ou plus intelligents, et qu'ils ont des relations que nous n'avons pas.
Il suffit de ne pas l'écouter.

Les gens heureux sont ceux qui non seulement suivent des chemins qui leur plaisent, mais qui trouvent également du temps pour l'amour, l'affection et la solidarité.

On ne fait pas réagir son entourage avec de la chance mais avec des convictions.

Plus on est loin du danger et plus il est facile d'être courageux. Ce n'est pas parce qu'on n'est pas malchanceux que l'on est chanceux – et inversement.

En fondant sa vie sur la réussite ou l'échec, on risque de ne pas être capable de se respecter soi-même et, donc, de ne pas être respecté par les autres.

Suivez votre intuition. Elle est le désert inviolé qui sommeille en vous. Et c'est là que se cache votre vrai « moi » ou ce qu'il pourrait être.

Un échec occasionnel n'est pas un problème mais juste le signe incontestable que l'on n'avait pas assez pris de risques jusqu'alors.

Rien de tel que quelques risques pour améliorer sa vie. On prend le plus grand en essayant d'être honnête envers soi-même.

La plupart des gens vivent et meurent sans avoir jamais entendu la bande-son de leur vie. Faute d'avoir essayé.

Pour que les risques mènent à la chance, il faut non seulement avoir les yeux plus grands que le ventre, mais également savoir avaler et digérer.

Dans la vie, tous les risques que nous prenons partent de notre for intérieur.

S'il est certain que l'audace nous aide à tout affronter, elle ne nous rend pas invulnérables pour autant.

Généralement, il vaut mieux mettre son parachute avant de sauter de l'avion. S'il a été correctement préparé, vérifié et plié et qu'il ne s'ouvre pas, vous pouvez vous dire que vous n'avez pas de chance.

Nous sommes tous des rêveurs et des chasseurs de songes. Si nous pouvons marcher sur les traces des autres, nous pouvons aussi partir dans le désert pour en créer de nouvelles.

On ne grandit pas sans prendre de risques. Tout ceux qui réussissent, toutes les entreprises qui marchent, ont connu plusieurs échecs.

Puisque tout n'est qu'une question de risques, prenez-en. En général, ceux qui agissent et osent ont de la chance et avancent dans la vie.

Une quête commence toujours par la Chance du Débutant. Et s'achève toujours par l'Epreuve du Conquérant.

Paulo Coelho

Personne n'est jamais allé très loin à partir d'une certitude.

Il n'est plus grand crime que celui d'oser exceller.

Winston Churchill

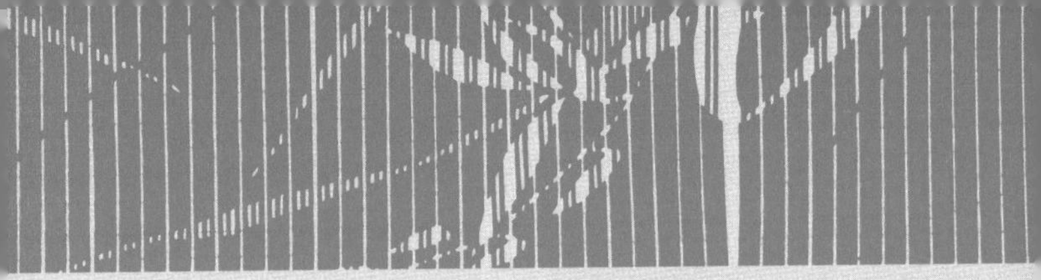

L'immobilisme est rarement la bonne solution. Quand la marée commence à monter, il n'est pas sage de rester immobile alors que tout le monde s'éloigne.

La meilleure façon d'apprendre les règles du jeu est de jouer plus que ce que l'on peut se permettre de perdre.

Chaque fois que le monde avance, c'est que quelqu'un a osé jouer sa tête pour tenter quelque chose de nouveau.

Même la tortue doit sortir la tête de sa carapace pour avancer.

En affaires, il est indispensable de comprendre que l'acheteur prend autant de risques que le vendeur.

Il est plus important d'être bien organisé que d'avoir de la chance. Si vous avez le sens de l'épargne et de la gestion, vous vous en sortirez toujours. Sans cela, il vous manquera toujours quelque chose.

À la naissance, on nous remet un jeu de cartes qu'on appelle la vie. Il faut jouer avec la donne que l'on a. On ne peut pas passer son tour et, pour rester en jeu, il faut, de temps en temps, prendre des risques.

À vaincre sans péril on triomphe sans gloire.

Pierre Corneille

Pour conquérir, il faut oser, oser et toujours oser – ou s'attendre à perdre.

Dans toute forme de compétition, des arts martiaux à la danse de salon, il faut se donner comme si l'on pouvait toujours gagner ou perdre jusqu'à la dernière seconde.

Persévérance et courage. Voilà l'une des recettes du succès.

Comment savoir jusqu'où on peut aller si on n'est pas prêt à risquer d'aller trop loin ?

Je trempe ma plume dans la plus sombre des encres parce que je n'ai pas peur de tomber dans l'encrier.

Ralph Waldo Emerson

Seul, le courage ne suffit pas. La chance exige la compagnie de l'intelligence.

Pour être remarqué, il ne suffit pas d'être différent – encore faut-il être remarquable.

Dans l'arène de la vie humaine, les honneurs et les récompenses reviennent à ceux qui montrent leur qualités sur le terrain.

Aristote

Quand les gens affirment que quelque chose est impossible, c'est souvent parce qu'ils n'ont pas envie de s'y essayer.

Qui reste immobile ne doit pas s'attendre à ce qu'on le pousse.

Ceux qui prennent des risques sans réfléchir aux conséquences de leurs actes, et qui n'y prêtent pas du tout ou pas suffisamment d'attention, sont moins coupables que vulnérables.

Toutes les rivières semblent trop profondes ou trop rapides à qui n'a pas essayé de les traverser.

À la croisée de deux chemins, choisissez le moins emprunté et votre voyage deviendra utile.

Ne cherchez pas les ennuis mais avancez vers eux aussi courageusement que possible, car votre chance vous le permet.

Virgile

Plus on a réussi, plus on a de mal à risquer ce que l'on a.

On préfère souvent arrêter d'apprendre plutôt que de risquer un échec.

Quelle que soit l'échelle – de l'infiniment petit à l'infiniment grand –, la satisfaction du triomphe n'est due qu'à l'incertitude de l'entreprise.

Faites quelques tentatives et vous gagnerez peut-être de temps en temps. Ne tentez rien et vous serez toujours perdant.

Plus nous essayons de sécuriser notre monde, plus il nous semble dangereux.

Lorsque vous pesez le pour et le contre, posez-vous cette question : en voyage, y a-t-il plus de danger sur la route ou au moment des repas ?

La vie est comme le sport. Il faut s'y donner à fond. Plus on s'investit, plus on a de chances de gagner, que ce soit grâce à ses compétences ou à la chance… une victoire est une victoire.

Pensez aux artistes, compositeurs, peintres et poètes qui, tous, osent faire tout ce qui leur passe par la tête.

La passion exige de prendre de grands risques. Une vie sans erreur est également une vie sans dynamique.

Il est facile d'arrêter de grandir. Il suffit de décider de ne plus jamais prendre de risques.

Au cours de l'histoire, on a souvent vu les ambitions les plus absurdes aboutir à des réussites extraordinaires.

Généralement, on se sent plus vivant lorsque l'on prend des risques et on a l'impression d'avoir plus de chance par la suite.

La vie nous offre à tous le choix entre la sécurité, pour être bien, et le risque, pour être extraordinaire.

En ne risquant jamais rien, on prend des risques encore plus grands.

Le plus grand risque n'est pas celui d'échouer mais celui de ne rien faire.

Pour l'artiste comme pour l'homme d'affaires, le combat est constant. Il doit risquer sa carrière plusieurs fois par an pour rester en vie.

Essayez de considérer que l’échec n’est rien de plus qu’un résultat différent de celui que vous espériez.

Quelqu’un peut mener la courageuse existence d’un aventurier tandis que la vie de son voisin ne rime à rien. La chance n’entre dans le scénario qu’à partir du moment où l’on prend des risques.

Je voudrais que l’on puisse lire sur ma pierre tombale que même lorsque j’ai échoué, je l’ai fait avec panache et que là où je vais, je ne serais pas entouré d’âmes timides qui n’eurent jamais la chance de connaître la victoire et la défaite.

En soi, la sécurité n'existe pas. Peut-être que penser en avoir besoin n'est qu'une superstition et qu'en évitant tous les dangers, nous prenons plus de risques qu'en leur faisant face.

Chaque programme d'action comporte ses risques et ses coûts, mais ils sont beaucoup moins lourds que ceux de l'inaction.

John F. Kennedy

Ayez le courage de prendre le risque d'avoir tort. Il n'est rien de pire que d'avoir toujours raison trop tard.

Ceux qui ont l'esprit d'entreprise sont des preneurs de risques, prêts à jouer leur argent ou leur réputation sur un coup de dés pour défendre une idée ou un projet. Ils assument pleinement la responsabilité de tous les aspects de leurs réussites et de leurs échecs. Les responsabilités ne tombent pas sur leur bureau, elles en partent.

Victor Kiam

Qu'est-ce que la foi sinon le risque ? Plus on veut quelque chose, plus on est capable de l'avoir.

Il est dangereux de ne pas prendre de risques quand on se lance.

Pour gagner, il faut prendre le risque de perdre. Et, pour perdre, il faut prendre le risque de gagner.

Si une erreur est inévitable, autant qu'elle soit grosse et mémorable – une erreur pleine de promesses et d'audace.

Si Dieu nous a donné une tête, c'est pour la risquer de temps en temps.

Qui oserait vivre là où il n'y a aucun risque ?

En affaires, en sport et en art, il n'y a pas de place pour ceux qui ne prennent jamais de risques.

Faites vos choix et, quels qu'il soient, prenez les risques qui leur sont inhérents mais ne vous voilez pas la face. Les risques font partie de la vie et, sans eux, la chance n'existerait pas.

Ne prenez jamais de risques inutiles mais restez conscients que l'on n'obtient rien de bien si l'on n'en prend pas du tout.

La jeunesse est le temps idéal pour être excentrique, prendre les plus grands risques et oser. Lorsqu'on ne le fait plus, c'est le signe évident que l'on a atteint la stabilité et la prévisibilité de la maturité.

Sortez de l'obscurité et courez vers la lumière. La chance n'arrive pas dans l'ombre. Elle danse sous le soleil.

Ayez le courage de parier sur vos idées.

Là où il y a un risque calculé, agissez.

Risquez tout et affrontez la réalité.

Risquez tout et agissez pour votre compte.

Parfois, il n'y a pas d'autre choix que d'essayer de faire la chose que l'on trouve la plus difficile au monde, qu'il s'agisse de persévérer sur une idée ou de renouer des liens avec un ami ou membre de sa famille que l'on a perdu de vue. Qui ne tente rien n'a rien.

Plus la mer est vaste, plus on peut y faire naviguer un grand bateau.

Sans prendre de risques, comment peut-on espérer faire mieux que ce que les autres s'attendent à nous voir faire ?

Si la vie nous offre de plus en plus de chances de progression et d'expansion, aussi bien sur le plan des affaires qu'à titre personnel, les possibilités d'échec augmentent également, car il ne s'agit pas de dons du ciel mais du résultat de prises de risques.

Aucune acquisition noble ne va sans risque : celui qui craint l'un ne peut espérer l'autre.

Pietro Metastasio

Pour faire quelque chose d'extraordinaire, il ne faut pas hésiter à se placer en équilibre précaire sur le bord du volcan, à la limite de la catastrophe.

Il est crucial de prendre le plus difficile des risques : celui d'être honnête envers soi-même. Sinon, la chance passe à côté.

Oser, c'est gagner.

Osez la sagesse.

La politique du risque zéro est le plus grand des risques.

Jawaharlal Nehru

Lorsque l'on fait ses premiers pas vers l'héroïsme, il est indispensable de s'interdire de connaître les probabilités.

De grands aboutissements sont promis à ceux qui prennent de grands risques.

Ceux qui restent dans le cocon de ce qui leur semble confortable sont très rarement inspirés. On n'obtient ni développement ni croissance sans un certain élément : le risque.

La chance vient à ceux qui, lorsqu'ils ont découvert ce qu'ils font le mieux, se lancent dans quelque chose de totalement différent.

Chaque fois que vous avez l'impression de tenir quelque chose de bien et de solide, c'est qu'il est temps de vous remuer les fesses et de tendre le cou pour regarder ailleurs.

La clé de la chance
est de toujours
essayer, en prenant
des risques calculés.

**Qui a le courage
d'oser défendre ce
qu'il aime sera le
plus heureux des
hommes.**

Il est dangereux
d'oser face à des
hommes qui osent.

Ovide

Il ne faut pas confondre risque calculé et imprudence. L'un peut sauver votre couenne, l'autre la fait frire.

Pour prendre son envol, il faut arrêter de vouloir être une chenille.

Si vous voulez cueillir des roses, attendez vous à être piqué par quelques épines.

Là où il y trop de risques, il y a également matière à réflexion.

Il est vil de mal agir. Faire quelque chose de bien sans danger est relativement courant. Mais on reconnaît un homme de valeur notamment au fait qu'il accomplisse des actes nobles en prenant des risques.

Plutarque

Si vous restez dans la vallée, vous ne saurez jamais comment est la vue depuis le haut de la colline.

Vous n'apprendrez jamais à nager en vous obstinant à garder un pied sur la terre ferme.

Il faut vraiment avoir beaucoup de chance pour marquer un but sans lever le pied.

Osez et le monde vous donnera. Et si jamais ce n'est pas le cas au premier essai, osez à nouveau et continuez jusqu'à ce que vous réussissiez.

On achète les plus grands savoirs pour le travail et on vend l'honneur pour le risque.

Qui vit jour après jour dans la sécurité de sa routine est voué à l'insatisfaction éternelle. Sa vie ne consiste pas à essayer d'avoir de la chance mais à croire qu'il en a en évitant les échecs.

Peu de gens essaient de sauter par-dessus un torrent dont ils connaissaient la largeur. En revanche, parmi ceux qui l'ignorent, beaucoup tentent leur chance et une grande partie réussissent.

Parlez-moi de gens qui pensent constamment à la prudence et à la sécurité. Je vous parlerai alors de gens qui ne vivent pas, de morts-vivants.

L'homme superficiel croit à la chance.
L'homme fort croit à la causalité.

Ralph Waldo Emerson

La loterie est à la fois un instrument de salut et un impôt… qui ne repose que sur la convoitise, car ceux qui peuvent se payer un billet sans en ressentir les effets négatifs espèrent gagner le gros lot.

Thomas Jefferson

Celui qui dépense son énergie pour une noble cause triomphera toujours.

Il vaut beaucoup mieux tenter des choses très difficiles pour triompher dans la gloire, malgré les échecs, que de faire comme ces pauvres esprits qui ne jouissent ni ne souffrent de grand-chose, parce qu'ils vivent dans une grise pénombre qui ne connaît ni victoire ni défaite.

Theodore Roosevelt

Qui risque tout pour sortir de l'anonymat s'expose également à devenir une cible.

Si vous êtes heureux dans l'ordinaire, nul n'est besoin de vous aventurer dans l'inhabituel.

Avant de vous lancer dans une nouvelle entreprise, pensez à ce que font les autres et faites le contraire. C'est comme cela que vous parviendrez à quelque chose d'à peu près bien.

L'impossible peut aussi bien mener à d'incroyables réussites qu'à d'incroyables échecs.

En restant immobile, à ne jamais rien oser, on a peu de chances d'arriver à quelque chose.

On ne prend jamais plus de risques qu'en restant soi-même en toute circonstance.

Il n'est pas si difficile de l'emporter sur quelqu'un qui a les mêmes idées que soi, mais les autres ont leurs chances.

Il faut tout risquer pour tout sauver.

Friedrich von Schiller

Celui qui récolte tous les fruits, c'est celui qui n'a pas peur de grimper à l'arbre.

Doux est le chemin qui mène au danger.

William Shakespeare

La vie est la plus grande des richesses. C'est en jouant la sécurité que l'on risque le plus de tout perdre.

La prise de risques n'est jamais le chemin le plus facile, mais c'est certainement le plus agréable.

Lorsqu'on n'a plus peur de tomber, c'est que le temps est venu d'avoir le courage de prendre des risques.

... il nous faut de l'audace, encore de l'audace, toujours de l'audace.

Danton

Si l'homme descend vraiment d'un singe, celui-la devait avoir le goût du risque puisque nombre de ses congénères sont toujours dans les arbres.

Il a dû en falloir, du courage, au premier homme qui a mangé une huître.

Jonathan Swift

L'audace augmente le courage ; l'hésitation, la peur.

Publilius Syrus

Contre mauvaise fortune…

La sagesse peut tout transformer en bonne fortune.

La chance ne sourit facilement à personne, et jamais par hasard. Il faut travailler pour la mériter.

Grand hommage à qui prendra le prix
Que depuis mille ans tous envient.
Mais à qui tente, et chute, et meurt,
J'accorde grand honneur, gloire et pleurs.

Joaquin Miller

La responsabilité est une chose que nous partageons tous – celle de nos pensées comme celle de nos actes. Il est beaucoup trop facile de tout mettre sur le dos de Dieu, du destin ou du hasard.

La hasard et la chance n'existent pas.

Notre idée de la bonne fortune est erronée. Quand nous sommes responsables de notre chance, nous continuons de l'appeler destin.

Reprocher ses malheurs aux autres dénote un manque d'éducation.
Se les reprocher à soi-même dénote un début d'éducation.
Ne les reprocher à personne dénote une éducation accomplie.

Épictète

Telle est la folie humaine que moins on mérite d'être chanceux, plus on le désire.

La bonne fortune est comme le verre : plus elle brille et scintille, plus elle est fragile.

Publilius Syrus

Seul un fou ne voit pas que le mérite et la chance sont inséparables.

En essayant continuellement on finit par réussir. Donc : plus ça rate, plus on a de chance que ça marche.

Jacques Rouxel

La bonne fortune est un effet secondaire de la vie et non un dû. On ne devrait jamais se plaindre de la chance qu'on n'a pas mais se réjouir de celle qu'on a.

Il y a plus de gens qui ont été ruinés par leur fortune que de gens qui ont échappé à la ruine en essayant de faire fortune.

Quand la fortune nous abandonne, nous avons tous l'impression que nous avons dû être idiots ou faibles. Pourtant, il vient toujours un moment où nous trouvons en nous assez de courage pour faire face au malheur, et de sagesse pour en faire bénéficier notre entourage.

Sans accomplissement véritable, les louanges ne sont qu'un dérisoire narcotique. Si vous ne voulez arriver à rien, ne faites rien.

Il faut courtiser la chance sans la brusquer. Allez-y trop fort et elle prendra la tangente.

La chance est le fruit du caractère d'un individu. Les chances trouvées conviennent rarement à leur propriétaire.

Qui ne compte que sur sa bonne fortune n'est jamais sûr de dîner.

Benjamin Franklin

Il va de la fortune comme d'une paire de chaussures ; il n'en existe pas qui aille à tout le monde : trop grande, on trébuche, trop petite, on souffre.

Il faut beaucoup de courage pour vivre décemment une vie guidée par le désir.

Il n'est pas de chance pour qui n'oublie pas le passé pour se tourner l'avenir.

Quand elle arrive trop vite, la bonne fortune est comme un costume taillé à la hâte ; elle ne dure pas très longtemps. Soyez donc prêts à accueillir la chance quand elle se présentera, car ce n'est pas si fréquent et, si l'on n'est pas prêt, elle s'envole par la fenêtre.

La chance sourit aux esprits avertis.
Louis Pasteur

Une grande fortune dépend de la chance, une petite, de la diligence. Les deux dépendent de l'action.

Le bien, nous le faisons ; le mal,
c'est la Fortune ; On a toujours
raison, le destin toujours tort.

Jean de La Fontaine

La fortune ne change pas vraiment les gens, elle les démasque.

Il n'est plus grande chance que d'avoir des amis. Dans l'amitié, on trouve aussi bien un refuge que de l'inspiration, du réconfort, du soutien ou des conseils. Personne n'est pauvre quand il a des amis.

La seule fortune qui vaille la peine d'être recherchée est d'avoir un but dans l'existence.

On dit que lorsqu'il est rouge, un ciel de nuit fait le délice du berger. C'est un bon présage – à moins, évidemment, que par malchance cela signifie que sa maison est en train de brûler au loin.

N'essayez pas de faire fortune au jeu – la véritable richesse se trouve dans les aspirations et l'effort.

Il faut accueillir à bras ouverts les moments d'infortune où la vie nous force à nous surpasser. Ce sont ces moments qui développent nos facultés et nous rendent capables de ce que nous croyions impossible.

Nous sommes les hommes de valeur intrinsèque, qui pouvons trouver nos fortunes en nous-mêmes et dont la valeur est indépendante des accidents de la vie ou des révolutions au gouvernement : nous avons des têtes pour gagner de l'argent et des cœurs pour le dépenser.

George Farqhar

Le plus grand malheur de l'homme est qu'il traverse la vie joyeusement inconscient de l'immense pouvoir de son libre arbitre. S'il arrive souvent que les volontés de Dieu lui-même n'aboutissent pas, c'est juste parce que l'homme en a décidé ainsi.

Apparemment, jeter du sel par-dessus son épaule gauche fait fuir le diable qui se trouve derrière vous et c'est un signe de chance, mais ce n'en est pas un pour la personne qui se trouve derrière vous et reçoit le sel dans les yeux !

Il faut être fou pour envoyer promener sa chance dans les zones d'ombre et la chercher ensuite à la lueur des réverbères.

Telle est la question qu'il faut se poser pour évaluer sa chance : quand elle se présente, apporte-t-elle les meilleurs résultats au plus grand nombre de gens ?

On n'agit pas sans dépenser d'énergie. Pour l'homme, le transfert d'énergie est la base de la réussite et du bonheur.

Le bien inutilisé est voué à devenir du mal.

Quand elle n'est due qu'à la chance, la richesse a plus de chances d'affaiblir et de détruire que d'apporter le bonheur.

Il n'y a ni science pour la chance,
ni formule pour le bonheur.

Il faut devenir l'architecte de sa personnalité avant de pouvoir être celui de sa chance.

J'aimerais mieux être paré de beauté de caractère que de bijoux. Les joyaux sont un don de notre bonne fortune alors que le caractère vient de l'intérieur.

Plaute

Certains passent tellement de temps à parler de leurs malheurs qu'on se demande s'ils aiment quelque chose en eux.

Parfois, il vaut mieux fléchir un peu et faire des compromis plutôt que de risquer un revers de fortune.

Celui qui peut vivre dans le malheur et le bonheur de la même façon prive la malchance de son pouvoir.

Comme un rocher au bord de la mer, il se tenait droit, et le claquement des vagues ne le dérangeait pas. Il levait sa tête comme une tour sur une colline et les flèches de la fortune tombaient à ses pieds. En ce moment de danger, le courage de son cœur le soutenait ; et la droiture de son esprit le renforçait.

Akhénaton

Le destin peut déposséder quelqu'un de ses richesses mais pas de sa persévérance.

Pour moi, les récompenses ne signifient rien. Ma récompense, c'est mon travail.

Katharine Hepburn

Prendre des décisions est un acte de libération, quel qu'en soit le résultat, et c'est la raison pour laquelle tant d'entre nous semblent si incroyablement enclins à foncer la tête en avant vers le désastre et le malheur.

L'oisiveté n'a jamais mené quiconque à la fortune.

Les malades prient pour que la bonne fortune leur apporte le rétablissement. Dès qu'ils sont guéris, ils oublient et se tournent vers d'autres désirs.

N'enviez jamais la chance de quelqu'un au point de mépriser la vôtre.

La jalousie est une cousine malsaine de la justice. Et elle frappe fort quand la chance vient sans mérite.

La fortune et sa sœur, l'infortune, sont toujours surestimées. Personne n'est jamais aussi heureux ou malheureux qu'il aimerait le faire croire.

Puisse chacun avoir la chance de trouver justement la conception de la vie qui lui permet de réaliser son maximum de bonheur.

Friedrich Nietzsche

Les bons et les mauvais moments ont plus à voir avec les variations de notre humeur qu'avec les caprices de la fortune.

Les infortunes indépendantes de notre volonté sont supportables, mais celles dont nous sommes responsables font beaucoup plus mal.

Ce n'est pas la fortune qui est aveugle : c'est nous.

Rien ne nous apprend mieux à ne pas compter que sur la chance qu'une leçon de malchance. Aucune entreprise n'est complètement un gâchis si l'on en ressort un peu plus sage.

Soyez généreux avec votre joie, montrez le bonheur que vous procure la chance des autres.

On dit qu'il y a une marmite d'or au pied de chaque arc-en-ciel. Neuf fois sur dix, elle se trouve à l'autre pied que celui où nous la cherchons.

On aime mieux les gens quand ils sont abattus par une prodigieuse série d'infortunes que lorsqu'ils triomphent.

Virginia Woolf

Rien n'est aussi stupide et misérable que de passer sa vie entière à anticiper les catastrophes.

Quel que soit le nombre de bonnes nouvelles que l'on lit, quel que soit le nombre de bonnes nouvelles que l'on annonce, quel bien peuvent-elles apporter si l'on est pas prêt à agir en conséquence ?

Malheur à celui qui naît avec de trop grandes ambitions, car l'ambition est un plat assaisonné de déception ; plus il en mangera, plus il aura faim.

La chance sourit aux audacieux.

Rien n'est plus facile que de se dénigrer soi-même lorsqu'on échoue et mépriser les autres lorsqu'ils réussissent.

Il est difficile de dire ce qui est le plus dur à supporter : une existence marquée par la malchance ou une vie gâchée à craindre des malheurs qui n'arrivent jamais.

Il existe deux sortes de calamités : notre malchance et la chance des autres.

Ambrose Bierce

Tout ce que nous avons eu la chance ou la malchance de vivre nous unit : nous avons tous en commun d'avoir un jour été des bébés.

Si les malheurs des autres doivent nous apprendre quelque chose, alors, que ce soit la prudence.

Ce qu'il y a de meilleur dans la vie d'un
homme respectable,
Les petits gestes de gentillesse
Sans nom et oubliés.

William Wordsworth

Observez ceux qui vous semblent plus chanceux que vous et posez-vous cette question : leur bonne fortune ne vient-elle pas de leur enthousiasme pour un métier qu'ils exercent avec amour et passion ?

Quand on prend le temps de penser à la façon dont les choses auraient pu se passer et aux chances qu'on a laissé passer, on prend conscience des catastrophes auxquelles on a échappé.

La vie humaine connaît de constants revers de fortune ; et il est déraisonnable d'espérer une existence exempte du destin commun. Par nature, la vie se dégrade et toute chose change quotidiennement.

Plutarque

Changez-vous vous-même et votre destin changera.

Rien, ici-bas, n'est éternel. Par conséquent, ne vous réjouissez pas trop quand vous avez de la chance et ne soyez pas trop amer quand vous n'en avez pas.

La quête de la chance doit se faire sans regret. Il ne faut jamais regarder en arrière – les regrets ne servent qu'à ralentir.

Sans ambition, on ne commence rien.
Sans travail, on ne finit rien.
Les récompenses ne tombent pas du ciel.
Il faut les gagner.

Pour augmenter au maximum ses chances et ses opportunités, il faut commencer par écouter ses intuitions positives.

On considère toujours les privilèges comme de la chance.
On leur accorde la plus grande importance, qu'il s'agisse d'être le premier de la file pour obtenir un bol de mauvaise soupe ou d'être désigné comme orateur principal à un enterrement.

Tout comme on trouve des trésors sous terre, la vertu se trouve dans les bonnes actions et la sagesse d'un esprit pur et serein. Pour avancer en toute sécurité dans le labyrinthe de la vie humaine, on a besoin des lumières de la sagesse et des conseils de la vertu.

Bouddha

Il ne sert à rien de construire un escalier vers le paradis si l'on n'est pas prêt à le monter.

Modelez vos habitudes. Faites en sorte qu'elles vous rendent le plus heureux possible. À quoi bon rester assis à ne rien faire, en attendant que la chance frappe à sa porte, quand on sait que celle de la bonne fortune doit être forcée, et que seuls les cœurs braves s'y attaquent ?

On dit que la fortune frappe à la porte de chacun d'entre nous au moins une fois dans sa vie. Le problème, c'est qu'on dirait bien qu'elle se présente souvent quand nous sommes sortis.

Si tel est son bon plaisir, la fortune peut très bien faire avancer les idiots et les jeter dans les roues de la chance.

Juvénal

La chance n'est que l'autre nom de la ténacité.

La chance ne peut pas donner la sagesse à un imbécile ; elle ne peut que le faire paraître chanceux.

En écoutant les gens, vous découvrirez qu'ils sont tous convaincus que la chance et la malchance ont toujours une explication. Mais quoi qu'ils puissent en penser, la chance et la fortune ne sont pas des forces magiques, et elles attendent ceux qui savent que chaque effet à une cause.

Le laboureur – solitaire, travaillant dur, sans personne pour le voir ou le féliciter – remporte les seules récompenses qui en vaillent la peine.

Notre fortune dépend moins de la chance que de notre diligence.

La réussite et l'échec sont rarement proportionnels à nos capacités innées. Dans les deux cas, il faut compter avec un considérable élément d'imprévisibilité.

La fortune nous demande seulement de ne pas systématiquement choisir la facilité.

J'ai encore vu sous le soleil que la course n'est point aux agiles ni la guerre aux vaillants, ni le pain aux sages, ni la richesse aux intelligents, ni la faveur aux savants; car tout dépend pour eux du temps et des circonstances.

L'ecclésiaste, chapitre 9, verset 11

Devenir quelqu'un qui dirige les autres n'est pas une question de chance. On n'est récompensé par les privilèges du rang que lorsque l'on est capable de suffisamment d'abnégation pour ne pas écraser autrui. Pour certains, c'est un privilège ; pour d'autres, un fardeau.

Abordez toujours ce que vous faites avec l'envie de faire mieux que vous ne l'avez jamais fait, ou mieux que personne ne l'a jamais fait. Tel est le chemin de la chance et de la fortune.

Ne laissez rien ni personne se mettre entre vous et une tâche difficile. Ne laissez rien vous priver de cette immense chance de gagner de la force grâce à l'adversité, de prendre de l'assurance grâce à la maîtrise et de réussir grâce au mérite.

La moitié de ceux que nous pourrions qualifier de génies seraient considérés comme des fous s'ils n'étaient pas aussi productifs. Les fous qui ont de l'argent sont considérés comme des excentriques. Les fous qui ne sont ni productifs ni riches – eh bien, ce sont des fous.

Le monde ne s'est pas fait en un jour.

Il se peut que la chance intervienne lorsqu'il s'agit de trouver un emploi… mais pas de le garder.

Dans les moments difficiles, un cœur bien préparé à l'adversité espère que la chance tourne, et dans les bons moments, il le craint.

Horace

L'infortune dompte et soumet les petits esprits ; les grands esprits s'élèvent bien au-dessus.

Il faut être quelqu'un de très particulier pour avoir à la fois de la chance et du bon sens.

Pourquoi tenons-nous toujours tellement à nous attribuer le mérite des bonnes choses et accuser la malchance des mauvaises ?

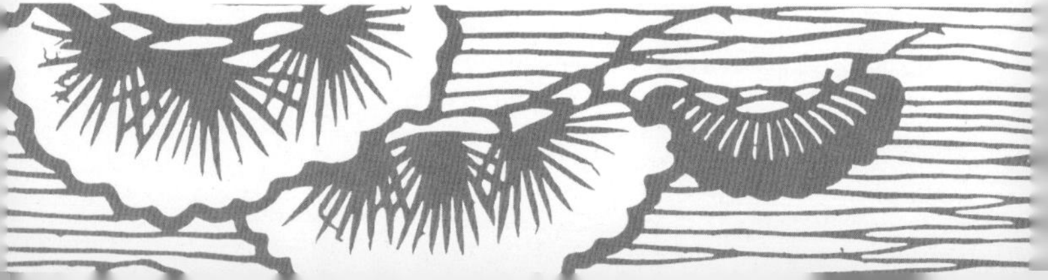

On connaît la valeur de quelqu'un à la façon dont il fait face à l'infortune.

Le temps viendra où nous comprendrons que tout ce que nous avons payé n'est rien par rapport à la grandeur de nos récompenses.

sainte Thérèse d'Avila

En matière de chance, rien n'est jamais certain, si ce n'est que l'action donne de meilleurs résultats que la prudence.

Certains savent nager.
Certains se noient.
Les autres restent sur la côte sans prendre le risque de se mouiller les pieds.

En apprenant à accepter ce qui nous arrive, on fait le premier pas vers ce qui nous permettra de tout surmonter.

Tout le monde ne joue pas dans la meilleure équipe et toutes les fleurs ne méritent pas un prix de beauté, mais participer, à n'importe quel niveau, apporte son lot de petits triomphes.

Le problème de l'homme est que ce qu'il affirme vouloir est rarement ce qu'il veut vraiment. Nos chances se trouvent dans nos désirs secrets, dans nos rêves inavoués.

La rareté attire la chance comme un aimant.

Quand tout le monde cherche de l'or, c'est le moment de vendre des pioches et des pelles.

Mark Twain

La chance est une qualité de pensée, un état d'esprit.

Là où l'on trouve de la chance, on trouve du courage. Soyez bon et vous pourrez être hardi.

Le gagnant peut toujours se permettre d'être indulgent envers ses rivaux.

Choix et découvertes

Le chemin vers la chance est aussi sinueux qu'étrange. Il est difficile d'avoir la moindre certitude lorsqu'on le parcourt. Il est parsemé de découvertes qui rendent le trajet plus positif, optimiste et gratifiant.

Constatez que deux personnes peuvent regarder ensemble dans la même direction et voir quelque chose de totalement différent.

Si l'on a en soi l'envie profonde de vivre mieux, elle fournira toujours l'énergie nécessaire pour y parvenir.

La chance sourit à ceux qui vont à sa rencontre. Il nous faut donc trouver le déclencheur qui nous permettra de nous jeter dans l'action et ne pas s'en tenir là mais toujours continuer à prendre de l'élan.

C'est notre cœur qui façonne nos bonnes et nos mauvaises pensées. Ensemble, ces pensées et nos choix déterminent la façon dont notre entourage nous perçoit. Nous fabriquons et maîtrisons nos pensées et nos choix, et c'est ce qui fait de nous les architectes de notre propre personnage.

Si nos choix nous permettent de faire le point et de voir ce qui manque dans notre vie, ils nous donnent également la force de la contrôler en prenant des décisions et en les appliquant.

Tout cœur a le potentiel de choisir le bien ou le mal. Quand le bien l'emporte, c'est une chance pour le monde.

Si un chanceux se remarque toujours au milieu d'une foule de malchanceux, c'est parce qu'il a l'air de savoir qu'il faut des années pour construire sa confiance en soi et une seconde pour la perdre.

Nul ne peut forger sa chance en blessant autrui.

Rien ne nous empêche de choisir un moment et de décider qu'à partir de cet instant magique on va devenir chanceux, et pas seulement pour une heure ou une journée, mais pour tout le reste de notre vie.

Un caractère noble et bon n'est pas une question de chance mais le résultat naturel d'un travail sur soi et d'une bonne démarche.

Qui distingue clairement ce qui l'empêche d'atteindre ses objectifs et décide de faire les modifications nécessaires a beaucoup de chance.

La vie est une question de choix. On ne s'en rend peut-être pas compte mais nous sommes tous amenés à choisir entre vivre à la ville ou à la campagne, boire de l'alcool ou non, conduire telle ou telle marque de voiture et même comment gagner ou perdre.

La vie est plus une question de choix que de chance.

Découvrez qu'il n'est pas toujours suffisant que les autres nous pardonnent. Parfois, il faut aussi être prêt à se pardonner soi-même.

Nos convictions sont des obligations, c'est-à-dire que le choix appelle le choix.

Vous pouvez choisir d'être malheureux ou vous interdire de l'être. D'une façon ou de l'autre, la décision vous appartient.

Qu'on le veuille ou non, le soleil brille pour tout le monde. Le fait de ne pas faire de choix quand il le faudrait en est déjà un.

Ceux qui savent défendre leurs convictions sans blesser les autres ont beaucoup de chance.

Le problème des choix, c'est qu'on a toujours la possibilité de changer d'avis. Cela fait qu'inévitablement, nous cherchons constamment à prouver qu'ils sont bons et que nous n'avons donc pas besoin de changer d'avis.

Toute vie est sacrée et il faut en tenir compte dans nos choix. En choisissant de faire preuve de conscience à chaque instant de notre existence, on choisit de participer à la construction d'un monde meilleur.

Personne au monde ne peut tout avoir.
Même quand on n’a plus rien d’autre, il nous reste le choix.

Découvrez qu’on ignore souvent qu’il suffit de quelques heures pour métamorphoser une existence.

C'est en faisant les bons choix que l'on trouve la chance : les indécis n'ont pas de chance.

Le choix est souvent la plus grande difficulté que nous ayons à affronter dans la vie. Ceux qui ont de la chance surmontent cela ; les malchanceux attendent que les choses se passent.

Découvrez que, même lorsque vous croyez n'avoir plus rien à offrir, si un ami ou une personne aimée vous appelle au secours, vous trouverez toujours la force de l'aider.

Les choix nous rendent plus forts et donnent envie à la chance de venir vers nous.

L'un des plus grands paradoxes de la vie est que lorsque deux possibilités nous paraissent aussi bonnes l'une que l'autre, il est difficile de choisir.

Découvrez que ce n’est pas parce que deux personnes se disputent qu’elles ne s’aiment ou ne s’apprécient pas, et que si elles ne se disputent pas, cela ne veut pas forcément dire qu’elles s’estiment.

Découvrez qu'aussi proche que l'on puisse être d'un ami ou d'un être aimé, il arrivera toujours qu'il vous blesse de temps en temps ; si cette perspective vous bloque, vous pardonnerez au fur et à mesure.

Si vous croyez être indécis, méditez cela : en choisissant de ne pas faire un choix, on en fait un.

Évitez de choisir une vie dont l'enrichissement serait le seul objectif et vous éviterez une vie d'ennuis.

Choisissez pour le plaisir de choisir. Aucune bonne décision n'est douloureuse quand ses raisons sont claires.

Le plus souvent, c'est l'idée de la chance et non la chance elle-même qui nous pousse. Une seule des deux apporte du plaisir.

L'amour vient à nous que nous le voulions ou non. Ce n'est pas une question de choix, mais de fatalité.

Je ne suis pas un aventurier par choix mais par fatalité.
Vincent van Gogh

Découvrez que lorsque quelqu'un ne vous aime pas comme vous le souhaiteriez, cela ne veut pas dire qu'il ne vous aime pas de son mieux.

Une fois prises, nos décisions déterminent notre destin.

Découvrez que vous ne pouvez pas forcer quelqu'un à vous aimer. En revanche, vous pouvez choisir de devenir quelqu'un qui mérite d'être aimé et laisser l'autre faire le reste.

Découvrez que si les relations amoureuses commencent toujours dans la passion, celle-ci finit forcément par s'estomper mais certains ont la chance d'avoir quelque chose qui la remplace.

C'est à travers ses choix que s'exprime le mieux la philosophie de quelqu'un.

Découvrez que la maturité n'a rien à voir avec le nombre de bougies que l'on peut compter sur son gâteau d'anniversaire, mais avec les expériences que l'on a choisies et les leçons qu'on en a tirées.

Il faut toujours essayer de faire les meilleurs choix possibles pour devenir la meilleure personne possible.

Nos choix déterminent notre vie et nous devons en assumer toute la responsabilité. Les malchanceux accusent toujours quelqu'un ou quelque chose d'autre.

Observez bien les choix qui s'offrent à vous et prenez le meilleur, celui auquel vous croyez le plus. Ensuite, défendez-le de tout votre cœur mais n'y risquez pas tout votre argent !

Découvrez qu'il ne faut jamais dire à personne, et surtout pas à un enfant, que ses rêves sont irréalisables ou délirants. Non seulement c'est humiliant, mais ce serait terriblement triste pour l'humanité si on vous croyait.

Il n’y a pas de sacrifices : juste des choix à faire.

À tous les instants de la vie, nous avons tous la possibilité de faire un choix.

Il y a toujours deux choix, deux chemins à suivre. Le plus facile est donc le plus tentant mais prenez garde – c’est peut-être tout ce qu’il a à offrir.

Découvrez que quelle que soit la profondeur de votre douleur, le monde continue de tourner.

Notre premier choix dans la vie consiste à décider d'accepter les choses telles qu'elles sont ou d'essayer de les changer.

Tout choix a un résultat. Le problème, c'est que ce n'est pas toujours celui qu'on escomptait.

On dit qu'accrocher un fer à cheval au dessus de l'entrée de sa maison porte bonheur. À moins, bien sûr, de le recevoir sur la tête !

Quelles que soient les circonstances, cherchez à adopter un comportement, des réactions et des choix positifs : vous deviendrez plus positif vous-même.

Les bons choix contribuent grandement au bien-être.

Nos choix déterminent comment nous allons vivre toute notre vie.

Ce sont les choix et non la chance qui déterminent le destin. Une vie passée à attendre la chance est une vie gâchée.

Découvrez qu'il ne suffit pas d'être déclaré employé du mois pour être quelqu'un de bien.

Pour réussir, il faut comprendre, avant qu'il ne soit trop tard, que tout ne dépend pas uniquement de la chance mais que, du fait de la relation de cause à effet, nous ne sommes pas seulement des maillons de la chaîne mais son début et sa fin à la fois.

On ne peut pas faire tourner sa chance avant d'être capable de vivre serein et en harmonie avec ce que l'on considère comme de la malchance. Avant cela, on reste prisonnier de ses craintes.

Un homme a besoin d'espoir et de confiance en lui quand les chances sont contre lui. Parfois, il faut aussi que quelqu'un, son meilleur ami, sa mère, sa femme ou Dieu, lui donne cette assurance.

Ses valeurs intérieures doivent être dignes que l'on se batte pour elle, sinon il sera impossible de le faire entrer en conflit. Il faut enfin qu'il soit prêt à choisir la mort plutôt que le déshonneur et qu'il se dispense de le crier sur les toits. Il ne faut rien de plus.

Clark Gable

Découvrez que votre famille ne sera pas toujours là pour vous aider. Étrangement, ce sont souvent des gens extérieurs à la famille qui, dans les moments difficiles, nous offrent leur amour et leur soutien, si nous les acceptons ; et ce sont eux qui ravivent notre confiance en l'humanité.

Notre personnalité se forge jour après jour, tout au long de notre vie. Nous la construisons avec nos choix et nos actes.

Donnez à votre jardin la liberté de s'exprimer, et il vous en remerciera par une superbe exposition de mauvaises herbes et de chaos naturel. Ne lui donnez aucun autre choix que celui de faire pousser ce que vous y plantez et vous avez des chances de remporter le concours du plus beau jardin. C'est une question de choix, et c'est là la véritable récompense.

Votre vie sera métamorphosée lorsque vous assumerez le pouvoir de choisir.

Découvrez que l'on peut s'en sortir par le charme… pendant quelques minutes tout au plus. Ensuite, il vaut mieux savoir de quoi on parle.

En prenant conscience de notre libre arbitre, nous faisons le premier pas vers la libération de notre véritable pouvoir personnel et nous pouvons espérer, si nous croyons en nous et agissons positivement, voir apparaître des résultats qui étonneront aussi bien les autres que nous-mêmes.

En acceptant le fait que les amis changent quand on utilise son libre arbitre pour échapper au commandement des autres, on peut commencer à atteindre ses objectifs personnels ; et ceux qui vivent en couple s'apercevront qu'il est possible d'avoir des objectifs communs, et que leurs choix les rapprochent.

Ignorez votre pouvoir décisionnel et vous raterez beaucoup de chances dans la vie.

Avez-vous remarqué ? Les gens que nous aimons le plus au monde nous sont souvent arrachés beaucoup trop tôt.

Si, comme beaucoup de gens, vous voulez améliorer votre vie, ne ratez pas le moment – agissez sur le coup et faites un choix.

Le choix est la liberté de transformer nos rêves en réalité.

Il arrive que ce soient précisément ceux que l'on croyait capables de nous frapper à terre qui nous aident à nous relever.

Nous avons tous, en nous, le potentiel de nous construire une qualité de vie exceptionnelle, en développant notre indépendance, en adoptant simplement une philosophie qui embrasse et nourrit notre liberté de choisir.

Quand on se sent privé de choix, on a l'impression d'être au comble du malheur et d'avoir perdu le contrôle de sa vie et de ses émotions.

On est souvent intimidé par ceux qui réussissent de grandes choses. On les contemple, sans bouger, depuis la ligne de touche alors qu'il faudrait agir, ne serait-ce que pour tenter d'augmenter notre énergie personnelle. Si on y parvient, on obtient des résultats nettement supérieurs à ce que l'on croyait possible et l'on ne tarde pas, à son tour, à réussir de grandes choses.

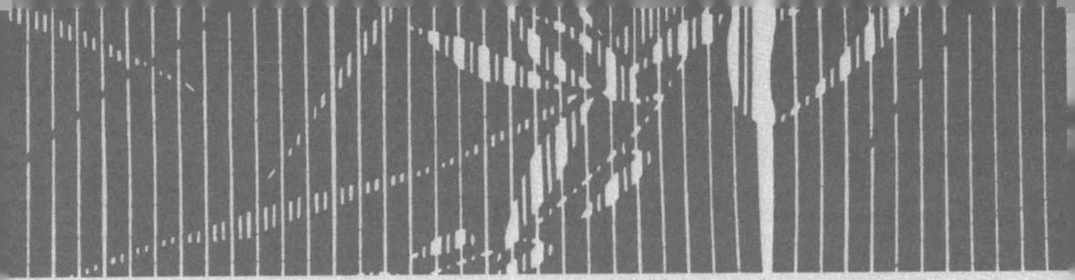

Une vie sans objectifs
n'a aucun intérêt.

Nous devons nous libérer et nous autoriser à voguer avec le vent et les marées d'un océan de confiance en soi.

Par son étroitesse, un esprit négatif agit comme une ancre au fond de l'eau et nous condamne à l'immobilité.

Les gens profondément heureux étaient exactement comme vous avant de réorganiser le jeu de leur vie, non seulement pour atteindre leurs buts mais également pour y parvenir en se faisant plaisir.

Il faut autant d'efforts pour se maintenir au fond du gouffre que pour rester au sommet. Faites le bon choix.

Quelle que soit l'attention que vous portez aux autres, il y aura toujours quelqu'un pour ne pas vous rendre la pareille. Nous aimons tous dire à nos amis ou à nos collègues qu'ils peuvent compter sur nous et notre soutien quand ils en ont besoin, et qu'ils ne doivent pas hésiter à nous demander de l'aide, mais nous commettons souvent l'erreur de ne pas faire appel à nos proches quand il le faudrait.

Le choix nous permet d'établir des relations durables et satisfaisantes avec les autres.

La véritable amitié continue de grandir même lorsque l'on est éloigné. Il en va de même pour le véritable amour. Choisissez de leur tourner le dos et il ne vous restera plus qu'à compter les dégâts.

Qu'ils fassent quelque chose ou non, de vrais amis apprécient toujours d'être ensemble.

C’est une chance d’être capable de comprendre la véritable nature de ses relations – ce qu’elles sont exactement et pourquoi on en a besoin. Quand ce n’est pas le cas, il y a forcément des conflits et l’on passe tout son temps et toute son énergie à essayer de résoudre des problèmes qui nous échappent.

Avant de faire un choix, il est bon de se demander, dans le silence et le calme, ce que l’on attend vraiment de la décision que l’on est sur le point de prendre.

Le choix le plus important que nous puissions faire est de décider d'avoir des rapports honnêtes et clairvoyants avec soi-même. C'est le passeport pour une vie dans laquelle toutes les relations peuvent fonctionner.

Quand on est vraiment sûr de vouloir mettre fin à une relation, mieux vaut se décider à le faire. Ce n'est pas un choix faciles mais on s'apercevra bientôt que c'était le bon.

Découvrez que l'argent est toujours un mauvais moyen de s'en sortir.

Faites des choix qui vous permettent de trouver plus de satisfaction dans tout ce que vous faites.

Combien d'entre nous passent leur existence à refréner leurs émotions et leurs passions ? C'est ainsi que l'on gaspille le don de la vie alors qu'il est indubitable que l'on ne peut être totalement épanoui qu'en libérant ses sentiments les plus profonds.

Si vous choisissez de réussir, prenez de bons exemples. Car la réussite est un terrain traître, où il est beaucoup trop dangereux d'entrer sans guide. Apprenez de leurs erreurs ; apprenez de leurs choix.

Il y a en chacun de nous beaucoup d'énergie qui ne demande qu'à être libérée. Il suffit de le faire pour stimuler une nouvelle vitalité qui peut avoir de merveilleux effets sur notre santé et notre bien-être.

Ce qui compte dans la vie, ce n'est pas tellement « ce que » nous avons mais « qui ».

Quand on prend des décisions et que l'on connaît ses sentiments, on devient capable d'accéder à de nouvelles possibilités. En sachant cela, on découvre même comment tirer le meilleur de nos émotions négatives.

C'est un bien triste monde que celui où l'on n'agit que dans l'espoir d'être félicité ou récompensé.

Chaque jour, nous avons le choix entre continuer à être comme nous sommes ou changer, par exemple, notre régime alimentaire ou notre mode de vie, alors que cela pourrait améliorer notre existence, notre forme ou notre énergie.

En prenant conscience du pouvoir des choix personnels, on sait quand suivre ses émotions et quand les ignorer.

Les indécis sont perpétuellement en déséquilibre. Il n’y a qu’une façon d’avancer : prendre le risque de choisir ! Avec un peu de chance, ce choix sera le bon. Si ce n’est pas le cas, au moins le cycle de l’hésitation aura été brisé, et l’on pourra relancer sa vie en prenant de nouvelles décisions fondées sur de meilleures informations.

Chacun d'entre nous porte en lui le potentiel de sa propre peine ou de sa propre maladie, qu'il libère malheureusement en prenant de mauvaises décisions sans s'en apercevoir. On ne peut ni remonter le temps ni revenir en arrière pour tout annuler. En revanche, on peut en tirer des leçons et faire plus attention en mettant le cap sur son avenir.

Découvrez que les héros ne sont que des gens qui font ce qu'il faut quand il faut, quelles que soient les conséquences.

En matière d'investissement, la plus grande décision que l'on puisse prendre est celle de s'investir soi-même. C'est la base même de tout choix.

Découvrez qu'en vous comparant aux meilleurs, vous ne serez jamais à la hauteur.

Souvent, ce qui nous empêche d'être riche, c'est la tendance de l'être humain à retomber toujours dans les mêmes pièges.

Il ne faut qu'un instant pour faire naître un chagrin qui durera toute une vie.

Apprenez à contrôler consciemment la façon dont vous pensez, dont vous vous sentez, et, surtout, dont vous choisissez de vous comporter.

Choisissez de voir la vie comme un voyage et non une destination. Vous commencerez immédiatement à comprendre que grâce au libre arbitre, tout est possible, que l'existence a un sens et que l'on découvre quelque chose chaque jour.

Souvent, une vie ne suffit pas à devenir la personne que l'on voudrait être.

Si notre cadre de vie et les circonstances ont eu une influence sur la personne que nous sommes devenue, nous n'en sommes pas moins responsables de la personne que nous deviendrons.

Chacun d'entre nous a reçu le don de la vie et chaque vie à sa raison d'être. Lorsque nous la découvrons (les indices se trouvent dans les choix que nous faisons), nous pouvons commencer à donner un sens à notre vie.

Faites que chaque départ soit un moment spécial et quittez ceux que vous aimez avec des mots affectueux. Il se peut toujours que ce soit la dernière fois.

Choisissez les mots que vous employez en faisant très attention aux gens qui les entendent et en subiront la bonne ou la mauvaise influence. Ils peuvent aussi bien apporter le bonheur que le malheur.

Apprenez que l'on est souvent capable d'aller plus loin qu'on pensait.

La vie est pleine de défis. Certains sont conçus pour nous vaincre ou pour nous soumettre. Mais ils sont tous là pour être remportés et cela est possible grâce au pouvoir de nos décisions et de nos choix.

Découvrez que, gagnants ou perdants, nous sommes responsables de ce que nous faisons.

Le plus grand choix que l'on puisse faire est de se donner le temps de préparer son esprit et son corps au voyage de la vie.

Contrôlez votre attitude ou, bientôt, c'est elle qui vous contrôlera.

En apprenant à tirer le meilleur de notre pouvoir de décision, on a en soi presque tout ce qu'il faut pour faire de tous nos rêves une réalité.

Il ne faut jamais trop chercher à découvrir un secret. Pour le meilleur ou pour le pire, il pourrait changer complètement votre destin.

Vivre sans but équivaut à écouter une radio mal réglée, mais nous pouvons nous mettre sur la longueur d'onde de ce que nous souhaitons le plus, à chaque instant de notre vie, en profitant de notre temps libre pour nous fixer des objectifs.

Pour trouver la chance et la fortune, il faut commencer par apprendre à comprendre les motivations de tous les comportements humains et les besoins qui sont à l'origine de nos pensées, de nos sentiments et de nos actes.

Pour obtenir de meilleurs résultats, il faut commencer par se changer soi-même. Modifier ses schémas de pensée et de comportement, et adapter ses émotions.

Heureux au jeu…

Pour un joueur, rien n'est sacré sauf la chance.

Le dé de Zeus tombe toujours sur la bonne face.

Sophocle

Les joueurs sont prisonniers d'un perpétuel état d'excitation même lorsqu'ils sont également prisonniers d'un état perpétuel de perte.

Personne ne s'intéresse à un joueur qui perd, mais on s'agglutine comme des mouches autour d'un gagnant en espérant que sa chance va tourner.

Certains jouent de toute leur âme, mais lorsqu'ils perdent, ils ne ressentent rien de plus que s'ils avaient égaré leurs clés de voiture.

Le hasard
donne les
pensées
et le hasard
les ôte.

Blaise Pascal

Les opportunités ne se présentent pas toujours d'elles-mêmes. Il faut creuser pour les trouver et cela signifie souvent prendre des risques, écouter sa curiosité, et parfois, lorsqu'on les déterre, la seule façon d'en profiter est de jouer.

On dit qu'il ne faut pas jouer. La Bourse n'est pourtant rien d'autre, et des fortunes y sont gagnées et perdues chaque jour.

Le monde est un casino où personne ne vit assez longtemps pour savoir ce qu'il a gagné ou perdu.

Les gens vous font la grimace si vous risquez votre chemise sur un cheval, mais ils sont ravis de vous voir parier votre destin et votre vie entière en épousant quelqu'un que vous connaissez à peine.

Si vous espérez un revenu garanti dans un hippodrome, munissez-vous d'un balai et d'une pelle.

De tout son cœur, le joueur croit à la chance. Il imagine certainement son créateur en train de jouer au dés le sort de l'Univers.

Le jeu associe la curiosité infantile de l'Homme et son désir de connaître son destin.

Rien ne guérit mieux quelqu'un de ses illusions et de ses rêves éveillés qu'une bonne petite heure de déveine.

Un pro est quelqu'un qui pense que les amateurs sont malheureux d'avoir de l'argent et qui sait comment les en débarrasser.

Le jeu se définit par tout comportement impliquant de miser de l'argent, ou toute chose de valeur, sur le résultat d'un événement qui dépend partiellement ou totalement de la chance.

Si vous voulez faire des heureux, soyez mauvais au poker.

On n'a toutes les chances de son côté qu'en étant disposé à faire absolument tout ce qui est nécessaire.

Si vous voulez vraiment gagner, il n'existe pas de chemin facile. Il faut du courage, de la détermination et un peu de contrôle de soi.

Le jeu fait disparaître les coups de chance. Il faut travailler pour avoir de quoi jouer.

Sur une pierre tombale, dans le cimetière d'une ville de jeu, on peut lire : « Je ne suis pas mort… Je suis juste endormi. » En dessous, quelqu'un à écrit à la craie : « Je parie cent dollars que tu es mort ! »

Personne au monde n'est plus calme que celui qui a quatre as et une foi inébranlable.

Rien n'est jamais sûr, car tout dépend d'un enchaînement compliqué de hasards incroyables. Même le tricheur, qui met plus de chances de son côté, n'est jamais certain de gagner.

Pour un paresseux, Internet est la meilleure des salles de jeu.

Si vous voulez vous sentir chanceux en jouant à la roulette, le mieux est que la table vous appartienne.

Tant qu'il y aura des paris à gagner, il y aura des joueurs. Telle est la nature humaine.

On peut généralement parier sans trop de risques que ceux qui critiquent les relations amoureuses ont en tête quelqu'un qu'ils aimeraient bien séduire.

Il faut de l'ambition et un peu de chance pour commencer quelque chose, et de la détermination pour aller jusqu'au bout.

Partout sur terre, la chance existe : à un contre un, rien n'est plus populaire aujourd'hui que le jeu.

Le jeu qu'on appelle
les affaires méprise
énormément les affaires
qu'on appelle le jeu.

Ambrose Bierce

Prière du joueur : « S'il vous plaît, faites que je rentre dans mes fonds aujourd'hui parce que j'ai besoin de cet argent ! »

Que l'on parie sur l'existence des trous noirs, sur le fait que quelqu'un fasse le tour du monde sans être reconnu, ou sur le moment où la glace va briser sur une rivière d'Alaska, les seules chances dont on dépend sont sa connaissance préalable des faits, la probabilité d'avoir raison ou l'intuition du moment.

Chaque politicien qui réussit a en lui l'instinct du joueur. Chaque chef religieux a la certitude que ses convictions sont bonnes.

On nous envoie rarement des cadeaux gratuitement. Il faut les gagner.

Lorsque les fleurs que l'on a fait pousser commencent à flétrir, l'herbe sur laquelle on marche continue de pousser.

Misez votre argent sur ce que vous défendez, et agissez.

On ne devrait pas évaluer la réussite de quelqu'un en fonction de ses accomplissements mais de sa persévérance dans les périodes de malchance.

Il n'est pas rare de miser sur un cheval gagnant. Ce qui est rare, c'est de miser suffisamment sur le cheval gagnant.

Il est possible de parier sans risque financier. Il suffit d'adopter le comportement à haut risque qui consiste à agir et décider sans connaissances suffisantes.

Le jeu offre un univers de couleur, de fantaisie, d'excitation et d'émerveillement : la combinaison idéale pour conduire quelqu'un à sa ruine.

Le lancer de dé qui porte le plus bonheur, c'est quand il passe par la fenêtre et tombe dans la rivière.

Le jeu est souvent perçu comme un vice, probablement parce qu'il est aussi universel qu'agréable.

Dans chaque pari, il y a un pigeon et un voleur.

proverbe anglais

C'est une chance que d'avoir le talent de faire des tours de cartes, mais c'est une folie de l'utiliser au poker.

On imagine toujours que le plus rapide qui va gagner la course et le plus fort va remporter la bataille, mais ce n'est pas toujours le cas. Pourtant, on prend tout de même moins de risques en pariant sur eux.

Si l'on dit que le jeu n'est pas une activité très sociable et que les joueurs sont malhonnêtes, c'est probablement parce que le pari est à la base d'un transfert d'argent qui ne nécessite ni labeur ni productivité.

La seule façon de gagner à une table de roulette est d'assommer le croupier et de voler l'argent.

Beaucoup de gens pensent que le jeu n'est qu'une forme de récréation, mais comme tout ce qui stimule l'adrénaline, il peut entraîner une dépendance.

N'espérez rien gagner de la nature ou de la religion en jouant.

La meilleure façon de comprendre combien le destin peut être cruel est d'emprunter de l'argent pour parier.

À chaque fois que l'on retourne une carte, à chaque course de chevaux, à chaque lancer de dés, le joueur revit. Il se peut qu'il ait perdu tout désir et toute ambition, mais mettez-le en présence de n'importe quelle forme de jeu et il s'y intéressera dix fois plus longtemps qu'à n'importe quoi d'autre.

La chance n'a jamais apporté la sagesse à personne.

Sénèque

Ne cherchez pas la fortune autour d'une table de jeu. Elle est ailleurs, quelque part auprès du travail.

Toute vie est une loterie : le jeu est à son paroxysme quand l'enjeu est sa propre vie.

L’un des plus grands malheurs qui puisse arriver à quelqu’un est de gagner aux courses dans sa jeunesse.

-

Les Italiens se ruinent généralement de trois façons : les femmes, le jeu ou l’agriculture. Ma famille a choisi la méthode la plus lente.

Jean XXIII

Pour battre un flush royal, il faut soit une intervention divine, soit un pistolet chargé.

Le jeu est enfant de l'avarice et parent du désespoir. Aucun coup de chance ne rendra jamais ces relations satisfaisantes.

Le joueur dégénéré joue pour le simple fait de jouer, comme le mercenaire met sa vie en jeu pour le simple fait de se battre. Il n'y a ni gagnant ni perdant, juste des cadavres, des vivants et des morts.

Les chances de sortir indemne de la vie sont de six contre cinq.

Le jeu est la promesse d'obtenir quelque chose pour rien, un peu comme ce qui se passe avec les propriétés chez les riches. C'est pour cela qu'il attire autant ceux qui ne peuvent pas vraiment se le permettre.

Le jeu est la porte qui mène à l'avarice, à l'injustice et à la malhonnêteté.

Si vous voulez jouer, prenez trois décisions dès le départ : les règles du jeu, le montant de la mise et le moment d'arrêter.

proverbe chinois

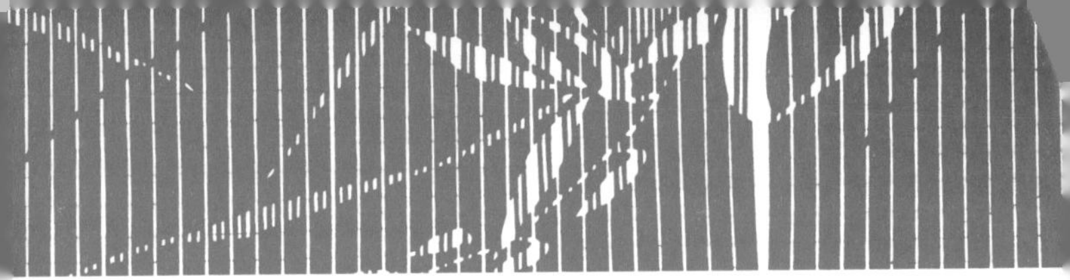

La seule chance qu'offrent les jeux de hasard est généralement celle de perdre. Si l'on veut mettre les chances de son côté et jouer malgré tout, il vaut mieux s'en tenir au black jack, parce qu'il est connu qu'il arrive de gagner à ce jeu.

En parlant du séjour que sa mère avait passé à Las Vegas juste avant sa mort, le président Clinton a déclaré : « Elle a voulu aller au paradis quatre jours en avance. »

Ce que l'on peut souhaiter de mieux à ses enfants, s'ils ont le malheur d'avoir le gène du jeu, c'est qu'ils aient également le sens des probabilités.

Il est dans la nature humaine d'éprouver une plus grande satisfaction à trouver une petite somme dans la rue qu'à en gagner une plus importante en travaillant honnêtement. L'argent que l'on gagne aux cartes ou à la bourse procure ce même plaisir.

Si vous voulez doubler votre mise en un clin d'œil sans la risquer, sortez un billet, pliez-le en deux et remettez-le dans votre poche.

Quiconque affirme être toujours en veine n'est qu'un menteur, un idiot ou un tricheur.

Le casino est un garde-manger. Les machines à sous sont des pièges à souris. Les joueurs sont les souris. L'espoir du gros lot est l'appât.

Si je perds aujourd'hui, je peux m'attendre à gagner demain, et si je gagne aujourd'hui, je peux m'attendre à perdre demain. Ce qui est certain n'est pas amusant.

Chico Marx

La chance aide vraiment les personnes de bon jugement.

Euripide

Quand vos adversaires détiennent tous les as, il ne reste plus qu'une chose à faire : renverser la table.

Dean Martin

Si l'on étudie le risque d'un point de vue statistique, on en conclut que le monde est principalement peuplé de joueurs.

Le premier grand pari du monde a été pris au jardin d'Eden.

Autrefois, j'étais un gros joueur. Maintenant, je fais des paris dans ma tête. C'est comme ça que je suis devenu fou.

Steve Allen

Rien ne stimule plus un joueur que ces quelques mots : « C'est impossible. »

Le joueur voit tout un monde dans une paire de dés et un avenir dans un jeu de cartes. Avec de telles armes en main, qu'il gagne ou perde, il se sent chanceux.

Trois sortes de joueurs fréquentent les casinos : les riches oisifs qui n'ont rien à perdre ; les joueurs professionnels qui ont bien étudié le sujet ; et tous les autres, à classer dans la catégorie des victimes.

Même lorsque j'approche de la salle de jeu, dès que j'entends, deux salles plus loin, le tintement de l'argent versé sur la table, j'ai presque des convulsions.

Fédor Dostoïevski

Les athées et les moralistes ont un point commun. Quand ils jugent la religion ou le jeu, il les jugent pour leurs excès.

Aucune épouse ne peut supporter un mari joueur – à moins qu'il ne gagne très régulièrement.

Lord Dewar

Pour mettre sa foi à l'épreuve, il n'y a rien de tel que d'être un joueur en déveine.

Qui ne tente pas sa chance ne peut pas en connaître le potentiel.

Quand on a des préjugés sur le jeu, on est toujours surpris de découvrir que la majorité de ceux qui fréquentent les casinos ne savent pas jouer du tout.

La façon de parier qui apporte le plus de satisfactions, c'est d'utiliser une bêche et des graines.

On ne cherche pas la chance.
La chance nous cherche.

proverbe turc

Bien des victoires sont pires que des défaites.

L'Homme est prisonnier de son conditionnement et de son éducation. À force, il finit par croire que ses chances de s'en libérer sont trop faibles pour se lancer dans quelque chose de nouveau.

Ceux qui comprennent le « comment » auront toujours du travail. Ceux qui comprennent le « comment » et le « pourquoi » seront toujours leurs patrons.

Bien comprendre les principes et les probabilités permet de choisir ses propres méthodes. Celles qui sont déterminées autrement n'apportent que des ennuis.

Il faut toujours jouer loyalement quand on a des cartes gagnantes.

Oscar Wilde

Nous savons tous plus ou moins qu'il reste honorable d'échouer quand on s'est donné la peine d'essayer. C'est le filet de sécurité du perdant.

La victoire est une drogue inoffensive et rien ne satisfait plus l'ego que l'impression d'avoir de la chance.

Rien n'est plus gratifiant que le travail que l'on accomplit seul, sans aucune aide.

Ce sont les efforts que l'on fait pour gagner qui apportent le plus de joie. Le résultat, en soi, est secondaire.

Il y a deux plaisirs à jouer : celui de gagner et celui de perdre.

La plus grande des chances, c'est de pouvoir commencer au même niveau que les autres.

Le point commun entre la plupart des joueurs, c'est qu'ils ne savent pas s'arrêter. La chance est avant tout une question de bon sens – être capable de comprendre qu'il faut s'arrêter pendant qu'on gagne.

L'excitation que l'on ressent lorsqu'on parie est équivalente à la somme qu'on est susceptible de gagner multipliée par le quotient de probabilité de la gagner.

La vie est le plus grand de tous les paris. Si on devait en étudier les probabilités, il y a des chances que personne ne miserait jamais sur elle.

Un joueur qui vient de distribuer demande à un autre d'arrêter de tricher. « Je ne triche pas ! » proteste l'autre. Et le donneur lui répond : « Pourtant, tu ne joues pas les cartes que je t'ai données. »

Même s'il n'y a qu'un cheval sur la ligne de départ, rien ne garantit qu'il passera la ligne d'arrivée.

À ce moment-là, j'aurais dû partir mais une étrange sensation monta en moi, une sorte d'envie de défier le destin, le désir de le mettre à l'épreuve, de lui tirer la langue. J'ai misé la plus grosse somme autorisée – quatre mille florins – et je les ai perdus. Alors, enflammé, j'ai sorti tout ce qu'il me restait, je l'ai placé sur le même numéro et j'ai encore perdu, après quoi j'ai quitté la table comme assommé. Je n'avais pas la moindre idée de ce qui m'était arrivé.

Fédor Dostoïevski

Le seul qui
puisse se sentir
à l'aise à une
table de jeu est
le joueur
suffisamment
riche pour
n'avoir rien à
perdre.

Le baccara est un jeu ou le banquier ramasse l'argent avec son râteau et l'emporte chez lui. Si j'avais pu lui emprunter cet accessoire, je serais resté.

Mark Twain

Il faut être bien malchanceux pour trébucher dans un champ de trèfles à quatre feuilles.

Quel que soit le jeu, plus on joue intelligemment, plus on a de chance.

Rien n’est plus susceptible de corrompre un caractère que le jeu.

Un véritable joueur ne se laisse jamais émouvoir par le fait de gagner ou de perdre. Si cela lui arrive, mieux vaut qu’il s’en aille et revienne jouer un autre jour.

Tôt ou tard, tout le monde meurt. Nombreux sont ceux qui préféreraient perdre le pari qu'ils mourront tôt.

En science, il ne faut jamais parier contre quoi que ce soit dont la cote est supérieure à 10^{12} contre un.

Ernest Rutherford

Le jeu est une forme de folie : La raison y croise le fer avec le risque.

Celui qui, sans jalouser les grands gagnants, préfère ne pas jouer fait lui-même le pari qu'il n'aimerait pas échanger les rôles si cela était possible.

Tricher au jeu sans gagner est d'un sot.

Voltaire

La théorie de l'évolution veut, semble-t-il, que l'homme se soit mis debout pour marcher tout droit vers des situations risquées.

Lorsque l'on croit vraiment en ce que l'on fait, cela vaut la peine de prendre des risques calculés et de rassembler tout son courage pour parier sur ses propres idées.

Quoi que l'on puisse penser du jeu, l'argent gagné en jouant paraît toujours deux fois plus agréable que celui que l'on a gagné en travaillant.

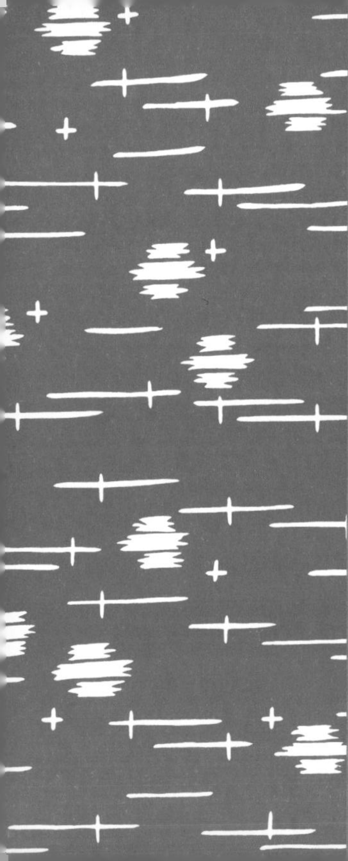

Pour sauter dans une rivière depuis un pont, il est préférable de savoir à l'avance si la rivière est profonde et sans rochers. Sinon, il faut soit être fou, soit avoir très confiance en sa chance.

On ne peut pas se permettre de penser qu'on va gagner, sinon il n'y a plus aucune raison de mettre sa vie en jeu dans une voiture de course.

Mika Hakkinen

Lorsque deux personnes sont en désaccord sur un fait ou le résultat d'un événement à venir et que chacun reste sur son opinion, il y a des chances – s'il existe une possibilité de vérification ultérieure –, qu'ils fassent un pari symbolique. Ils ne sont motivés que par le plaisir de gagner ou d'avoir raison et non par le profit.

Deviner est la stratégie de jeu la plus courante au monde.

Imaginez-vous dans la peau d'un joueur compulsif, incapable de voir deux oiseaux sur un fil sans parier intérieurement sur celui qui s'envolera le premier.

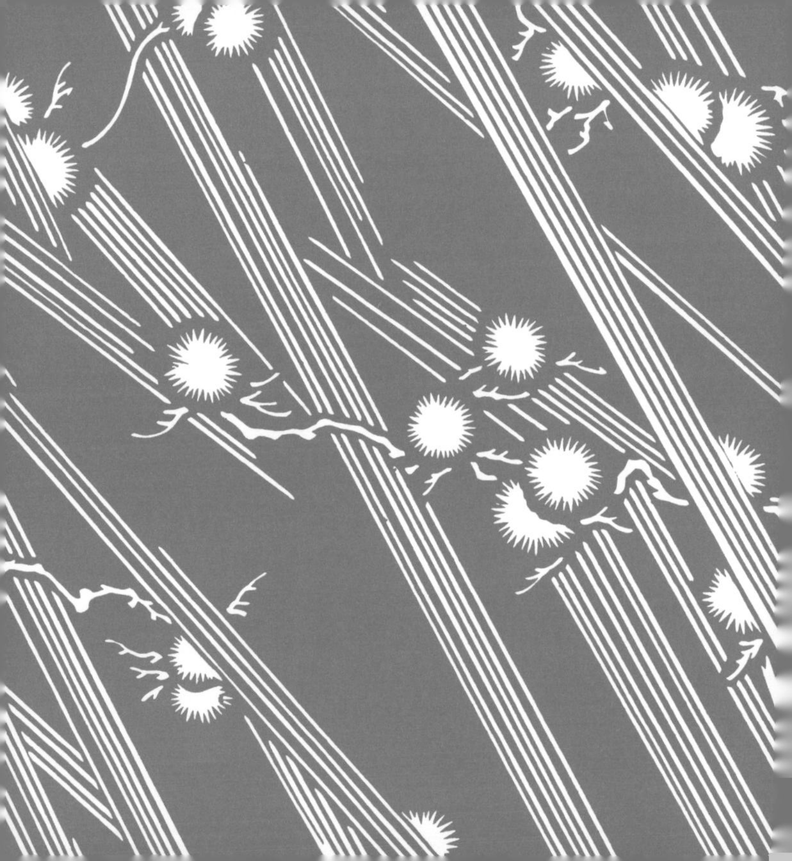

Chance, risque, hasard

La chance dépend énormément du hasard, le travail de quelqu'un dépend de son caractère.

Ne vous mentez pas en croyant que votre chance n'est pas méritée. Bien que la chance soit une question de hasard, la chance n'est pas le hasard.

Prendre des risques équivaut à travailler.

Les opinions ne survivent que si l'on a la chance de se battre pour elles.

Seule, la chance ne suffit pas. Il faut y être préparé – elle vient quand nous sommes prêts à l'accueillir.

Les plus âgés et les plus sages d'entre nous considèrent la jeunesse comme le temps le plus chanceux de la vie, car ce sera toujours de son éclat et son innocence que naîtra l'avenir.

Quand on a assez de bon sens pour reconnaître une opportunité et savoir la saisir, on est chanceux.

Qui sait sourire de ses mauvaises passes et saisir ses chances s'en sortira toujours.

La chance ne doit jamais être complètement laissée au hasard. Il faut l'aider en créant des opportunités et apprendre à la reconnaître quand elle se présente. Ensuite, il ne reste plus qu'à savoir la saisir.

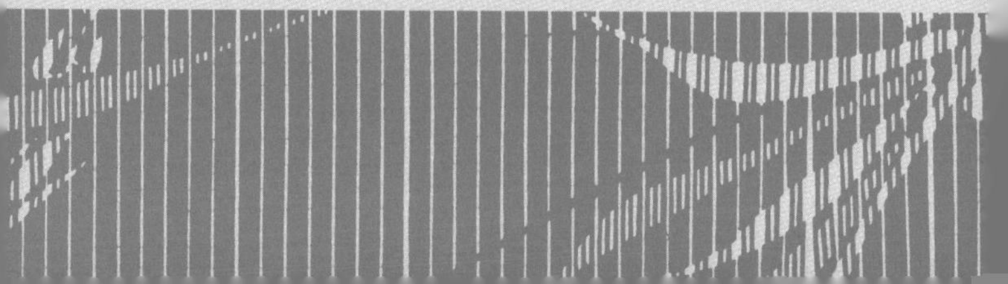

On ne peut pas tenter sa chance si l'on n'a pas le courage d'aller à sa rencontre.

La chance peut être extrêmement prévisible… Moins on est actif, moins on prend de risques, et moins elle se présente. Faites l'effort de prendre des risques et de vous activer, elle vous suivra partout.

Il est fou de se contenter de rêver de liberté quand on peut encore se battre pour elle.

Si l'Homme manque beaucoup d'occasions en or, c'est à cause du malentendu fondamental qui le pousse à les chercher à l'extérieur alors qu'elles sont en chacun de nous.

On ne devient pas le meilleur par chance ou en se laissant aller. Cela exige une parfaite préparation, une grande confiance en soi et un esprit loyal.

En comptant sur les autres ou la chance, on manque les opportunités. Cherchez-les à l'intérieur de vous-même et ce que vous attendez viendra.

On hérite de la Terre ce que laisse derrière elle la génération précédente. Ce n'est pas une question de chance. C'est une dette dont la seule façon de s'acquitter est de créer des conditions favorables à un monde sûr, propre et uni.

La chance doit autant aux accidents qu'au hasard et aux opportunités.

Le hasard est la providence de l'aventurier.

Être en bonne santé n'est pas qu'une question de chance. Nous avons tous la possibilité d'être loyaux envers nous-même en entretenant notre bien-être, notre force et notre vigueur.

La chance dépend des risques que l'on prend. Si on ne voit que si peu de chance autour de nous aujourd'hui, c'est parce que notre société pragmatique et matérialiste apprend aux sages à ne pas spéculer.

Prenez des risques sans craindre l'échec, comme le nouveau-né prend sa première respiration en sortant de l'utérus et fait ses premiers pas dans la vie.

On ne peut laisser la réussite au hasard et à la chance. Quand quelqu'un aime ce qu'il fait, il accomplit souvent de grandes choses – attendre la chance, le hasard ou les opportunités n'apporte pas de véritable réussite.

La chance est toujours du côté du prudent.

Est-ce par chance
ou par dessein que
tout ce qui est
classique semble
issu de la nécessité
tandis que ce qui est
moderne semble
résulter du pur
hasard ?

Ne confondez pas le hasard et le choix. Le hasard nous donne une famille ; le choix nous donne des amis.

Il y a de la chance pour tout le monde. Personne ne doit rien à personne, mais tout le monde a droit à sa chance.

N'en faites pas trop pour distinguer le bien du mal car, si on lui en laisse la chance, le bien finit toujours par apparaître.

Laissons le choix au Hasard, cet homme de paille de Dieu.

Marguerite Yourcenar

Dans les mains d'un sage,
le hasard devient rapidement de la chance.

**Tout ce que nous disons…
C'est donnons une chance à la paix…**

John Lennon

Si l'on veut vivre en faisant le moins d'erreurs possible, mieux vaut ne pas croire en la chance. Le plus triste, c'est que, dans une vie, on ne fait que très peu de choses correctement.

Toute vie repose sur les suppositions. Pour survivre, il faut enchaîner les meilleures suppositions et espérer que l'on a raison. Avec un peu de chance, on atteindra ainsi un âge vénérable.

La chance est comme une belle journée qui naît à l'aube et meurt au coucher du soleil.

Toute vie est un hasard – nous ne demandons ni à ce qu'elle commence ni à ce qu'elle finisse.

La douleur nous permet de grandir, de devenir meilleurs, de surmonter notre chagrin et, surtout, d'enrichir et améliorer notre expérience.

Étudiez, préparez et, avec un peu de chance, vous aurez ce que vous voulez.

Il ne faut rien laisser d'important au hasard.

Celui qui commence en se disant que cela ne va pas marcher ou qui a peur d'échouer sera forcément battu par celui qui allume sa fusée avec une mèche d'un pour cent de chances.

Le hasard est le gouverneur du désastre. Il peut apporter le bonheur mais rarement la paix.

L'avenir du monde ne peut pas être laissé à la chance ou au hasard. Il faut que des hommes et des femmes de moralité irréprochable fassent connaître à tous les idéaux qui conviennent.

Le hasard, c'est l'aventure. Si vous désirez la certitude, vous devez acheter tous les billets de tombola et attendre l'inévitable.

Pour réussir, il faut soit avoir de la chance, soit prendre des risques.

Courtisez la chance et elle vous sourira.

Tout ce dont on a besoin, c'est qu'on nous donne notre chance.

Le hasard favorise les esprits préparés. Pour les autres, il se présente sous forme d'accidents.

La vie est un incroyable voyage qui doit autant au hasard qu'à la logique et la raison.

Personne n'est plus chanceux en ce monde que celui qui est toujours prêt à donner une chance aux autres.

Rien ne sert de s'éterniser sur ce qui aurait pu réussir car cela n'apporte que des regrets. Les chances que l'on a manquées ne se représenteront pas et nous devons accepter de les abandonner pour redémarrer avec de nouvelles connaissances.

En prenant des risques, on prend évidemment celui de perdre. Mais il n'est pas vrai pour autant que rien ne peut s'améliorer sans en prendre.

Tout le monde vit des choses qu'il n'aurait jamais osé espérer.

La charité est une chance. Elle permet d'investir de l'argent reçu par hasard dans des actions positives, de répondre aux attentes de ceux qui sont dans le besoin et d'apporter l'espoir. En revanche, le jeu ne consiste qu'à donner de l'argent dans le simple espoir d'avoir de la chance par hasard.

Les coïncidences sont ce qu'il existe de plus proche du miracle.

Les opportunités sont des hasards que les autres considèrent comme de la chance mais pensez au leurre de la séductrice Tentation. Elle offre toujours une seconde chance.

Tout risque pris est une chance supplémentaire de gagner et, parallèlement, une chance supplémentaire de perdre.

Une grande chance et une petite chance sont des sœurs jumelles, chacune déterminée à repousser les avances de l'autre.

Parfois, notre heure de souffrance est le tournant de notre vie. C'est l'heure d'être et l'heure d'agir : une occasion à ne pas manquer.

En prenant des risques, on prend celui de perdre. Mais sans participer, comment espérer gagner ? Pour avoir une chance, il faut être prêt à accepter les pertes. En misant petit, on ne peut pas perdre gros mais on garde une chance d'empocher des gains importants.

La chance, c'est apprendre à éviter les obstacles et savoir s'arrêter à temps.

Ne vous apitoyez pas sur mon sort parce que je suis obligé de travailler. Dans la vie, la plus grande chance que l'on puisse avoir, c'est d'être capable de travailler à quelque chose qui en vaille la peine.

À la première occasion, Adam a accusé la femme.

Nancy Astor

Quand les probabilités semblent être contre vous, ce n'est pas le moment de tout plaquer ou de relâcher l'effort, car c'est justement là que vous avez une chance de réussir.

On dit que cela porte malheur d'allumer trois cigarettes avec la même allumette. Les origines de ce mythe remontent à la Guerre des tranchées, car les deux premières cigarettes permettaient à l'ennemi d'ajuster son tir et de tuer la troisième cible.

Il est rarissime qu'une opportunité se présente deux fois, et notre destin dépend totalement des choix que nous faisons.

Tout au long de l'existence, on est déchiré entre sa propre détermination et les tentations de la chance, du destin et de la fatalité.

Avant de se plaindre de vieillir, il faut penser à ceux qui n'en ont pas eu la chance.

Le travail n'a jamais tué personne mais beaucoup s'interrogent : « Pourquoi devrais-je prendre le risque ? »

On ne prend jamais de plus grand risque qu'en remettant au lendemain ce que l'on peut faire le jour même, en se basant sur la certitude infondée qu'il y aura un lendemain.

Lisez les meilleurs livres en premier car vous n'aurez peut-être pas la chance de les lire tous.

Henry David Thoreau

Chacun d'entre nous est unique. Chacun doit vivre sa vie – qui comportera sa part de hasard et de choix décisifs. Ce sont ces derniers qui font réussir ou échouer non seulement notre propre vie, mais également celle de notre communauté et du monde entier.

Restez toujours concentré sur votre meilleure chance et ne vous laissez pas distraire par les détails.

Quand on passe sa vie à redouter le ridicule, la douleur, la gêne et l'échec, on ne prend jamais le moindre risque.

Pour simplifier les probabilités, on peut toujours se dire que la vie nous donne cinquante pour cent de chances pour tout.

Nous vivons dans un monde où les opportunités deviennent de plus en plus égales, ce qui signifie que bientôt nous aurons tous les même chances d'être équitablement incompétents.

On a tous l'impression de mériter une seconde chance, mais pas nécessairement aux mêmes conditions que la première.

Toute vie comporte ses risques. Pour aller loin, il faut avoir la volonté d'oser en prendre.

Toutes les activités humaines sont motivées par une cause : chance, nature, obligation, habitude, raison, passion ou désir.

La domination est une question de peur et non de chance.

Faites attention à l'usage que vous faites de votre première chance car, ici-bas, nul n'en reçoit une seconde. Bien sûr, nous en avons de nouvelles, différentes, mais jamais une deuxième dans les mêmes circonstances.

Aide-toi, la chance t'aidera.

Tout au long de l'histoire, la chance a voulu que la plupart de l'humanité déteste autant le déterminisme que le hasard.

Certains craignent le travail et pensent qu'il ne mène à rien sans une bonne dose de chance. Ceux qui réussissent en ce monde sont généralement ceux qui prennent le risque de n'y parvenir que par leur dur labeur.

L’aventure est la route qui conduit à la chance et elle est pavée de hasard. En chemin, attendez-vous à tout.

Il est facile de tout attribuer au hasard ou aux accidents. C’est ainsi que l’on exprime son ignorance d’une cause réelle et immédiate.

À chaque instant, le destin du monde dépend non pas de la chance mais des opinions et des actes de sa population – en particulier de sa jeunesse. Il appartient à chacun d’entre nous de se battre pour l’égalité et la fraternité, comme de supprimer les risques que quelqu’un sur la planète se sente indésirable.

La chance, c'est savoir réagir aux opportunités. Quand le hasard vous offre l'occasion de voler un million, il vous donne également celle de ne pas le faire et de ne pas devenir un criminel.

Il arrive parfois que les plus malhonnêtes d'entre nous ne le soient pas uniquement par hasard.

Faites preuve de bonne volonté et les chances se présenteront.

Beaucoup de choses qui existent aujourd'hui sont nées malgré l'idée qu'elles étaient peut-être trop bizarres pour être acceptées par le grand public.

La jeunesse, la conviction et le courage forment une combinaison potentiellement capable de déterminer le style de monde dans lequel nous vivrons demain.

L'ardeur et la diligence sont les clés qui ouvrent les portes derrière lesquelles se trouvent les chances d'apprendre.

La vie est plein de chances :
la chance d'aimer,
la chance de travailler,
la chance de jouer,
Et la chance de rêver en contemplant les étoiles.

Le pouvoir de la chance est immense. Envoyez votre hameçon dans la partie de l'étang où vous vous attendez le moins à faire une prise et il y a des chances qu'un poisson morde.

Si vous n'avez pas fait la moitié d'une tâche à la moitié du temps prévu, il y a des chances pour que vous ne la finissiez jamais.

Le travail acharné n’est pas une garantie de réussite mais sans lui on n’a aucune chance.

Les gens qui ont de la chance sont aussi conscients de la possibilité de perdre que ceux qui n’en ont pas.

Quand on joue avec assurance, on a de bonnes chances de convaincre les autres – ceci est aussi vrai en politique qu’au poker.

Si vous pensez avoir une bonne raison d'être quelque part ou de faire quelque chose, allez-y ou faites-le, sinon vous allez sûrement manquer quelque chose.

Contrairement à ce que pensent certains, nous ne sommes pas de simples poupées contrôlées par le hasard ou le destin. Voyez les arts et les inventions – chaque coup de pinceau, chaque pression d'un bouton suffit à démolir cette théorie.

Le destin n'est pas une question de chance, c'est une question de choix. On ne peut pas se contenter de le souhaiter, il faut se battre pour l'obtenir.

On n'a jamais une seconde chance de faire une bonne première impression.

Il faut accepter de faire de petites pertes pour être en position de faire de gros profits.

Pour être remarqué, il faut dresser la liste de nos paroles et de nos actes, puis sélectionner les choses que personne n'a encore jamais vues ou entendues.

Vivez avec assurance et détermination et racontez exactement tout ce que vous avez vu et entendu. Il y a de fortes chances que votre conversation intéresse beaucoup de monde.

Certains pensent qu'il n'y a pas de hasard et que même les plus petits incidents naissent à la source profonde de notre destin. Est-ce par chance ou par dessein que tout ce qui est classique semble issu de la nécessité tandis que ce qui est moderne semble résulter du pur hasard ?

Il est douloureusement frustrant que chaque fois que nous accomplissons quelque chose de méritoire, le monde nous accuse de l'avoir volé – ou pire, estime que cela est dû au hasard.

Les chances de bonheur ne viennent pas en écoutant seulement ce que disent les autres mais en écoutant de temps en temps sa propre voix.

Le temps, c'est de la chance.
Sans lui, nous manquons d'occasions, de trouver des solutions, de répondre à nos questions, ou de revoir nos conceptions.

Lorsque des chances se présentent et que l'on y répond par des artifices ou des subterfuges, l'occasion est perdue.

Tout le monde peut avoir une chance d'exceller dans ce qu'il fait.

Cela porte bonheur de tomber, par hasard, sur un balai de ramoneur. Lorsque vous en voyez un, faites un vœu.

Un supplément de temps multiplie les chances : pour certains, il permet de finir la tâche commencée, pour d'autres, il permet de refaire les mêmes erreurs.

Nous avons autant de chances les uns que les autres de faire de notre vie quelque chose d'incroyablement ridicule – telle est la nature de la démocratie.

La chance joue un rôle dans presque tout. Aussi injuste que cela puisse paraître, sur un champ de bataille, le pire des poltrons tue le plus brave soldat.

Recette pour le bonheur : organisez bien vos journées et gardez vos nuits ouvertes au hasard.

Rien n'est plus facile que de se perdre dans sa propre existence… Il faut savoir s'accorder, de temps à autres, des pauses ou des vacances pour se donner la chance de retrouver ses repères.

L'échec est le condiment qui donne sa saveur à la réussite.

Truman Capote

Quand on vous propose un coup de main, le refuser prive celui qui vous l'offre d'une chance d'être serviable et vous prive, vous-même, de celle d'être aidé.

Si l'on veut placer sa confiance dans la chance, il faut accepter de se soumettre à ses lois.

La vérité a souvent peu de chances d'émerger quand un bon mensonge est déjà bien ancré.

L'amour est fait pour ceux d'entre nous qui sont à la fois assez fous et assez sages pour prendre des risques.

Il ne faut pas se préoccuper de l'échec. Si l'on tient vraiment à se faire du souci, autant que ce soit à propos des chances que l'on a manquées faute d'avoir essayé.

Être libre offre des chances de devenir meilleur.

Laissez les tâches à accomplir à la chance et elle ne le seront probablement jamais.

Qui condamne la corruption parce qu'il n'a pas eu la chance de pouvoir en profiter n'est qu'un charlatan.

Cela porte malheur d'interférer avec la nature. Elle sait mieux que nous ce qu'elle a à faire et, si on lui en laisse la chance, elle fera toujours mieux que nous.

Trouvez votre confiance en vous en votre for intérieur – les décisions importantes ne doivent jamais être laissées uniquement à la chance.

Le passionné d'astronomie qui sait ce qu'il cherche aura souvent plus de chance que le néophyte qui se trouve à ses côtés.

Opportunités

Éliminez le stress de votre vie et essayez d'être plus détendu dans vos activités. Ouvrez-vous à des options et des expériences inédites pour vous – dès lors, de nouvelles opportunités, aussi heureuses qu'exaltantes, se présenteront.

Lorsque vous croulez sous les soucis, mettez des chaussures trop petites pour penser à autre chose et essayez de trouver le « pourquoi » de vos problèmes. Utilisez cette méthode comme une opportunité de comprendre et non d'être submergé.

Résistez à la tentation de sous-évaluer vos capacités. La pression et le stress peuvent toujours être transformés en énergie positive.

Un jour, un homme atteint de la maladie d'Alzheimer a dit que le bon côté des choses était que dans les moments où il ne savait plus ce qu'il faisait, il y avait toujours une bonne âme pour le lui dire.

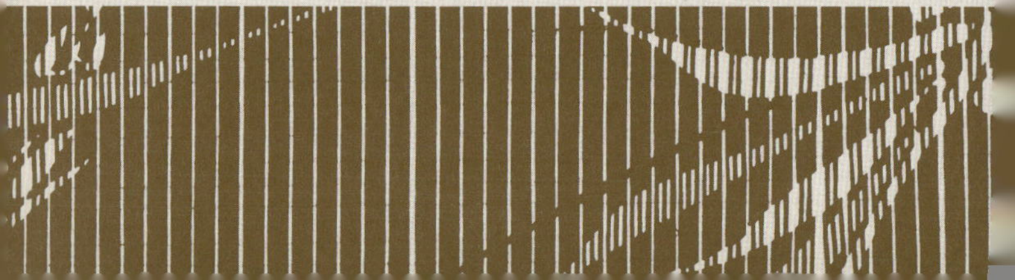

Les gens très chanceux sont souvent ouverts à toutes les options. Ils ne se contentent pas d'avancer dans la vie sans perdre la route et leurs objectifs des yeux. Ils s'ouvrent également à tout ce qu'ils trouvent autour d'eux durant leur périple, ce qui est vital pour attirer la chance.

Savoir quand abandonner un avantage est aussi important que savoir saisir une opportunité.

Les chanceux ont tous quelque chose en commun. Il n'attendent pas que la chance leur tombe dessus et ne parlent pas d'elle comme d'une force magique. Au contraire, ils pensent et se comportent de manière à l'attirer.

Peut-on espérer avoir de la chance quand on est convaincu que cela n'arrivera jamais ?

Tout le monde a le pouvoir de faire sortir quelque chose de positif de ses malheurs et de transformer les citrons de la vie en limonade, mais ce sont ceux qui essaient de tirer de la limonade d'un tas de cailloux qui trouvent du pétrole !

Demandez-vous : « Est-ce que je me trouve chanceux ou malchanceux ? »

Demandez-vous comment vous avez fait pour devenir la personne que vous êtes aujourd'hui, pour bénéficier de la compagnie de ceux qui vous entourent et pour faire le métier que vous exercez ? N'est-ce que le résultat d'une série de hasards et de coups de chance ? Ou devez-vous tout cela à vos choix et vos actions ?

Si certains ont toutes les chances, ils ne sont pas nés avec. Ils ont appris à les créer, et nous en sommes tous capables. Certains sont convaincus qu'il vaut mieux être chanceux qu'intelligent. Si l'on pense être né chanceux, on risque de dépendre éternellement de cette notion. On passe sa vie à rechercher la chance et à balancer entre les bons et les mauvais moments. Les gens intelligents comptent sur eux-mêmes et guettent la moindre opportunité qui pourrait se présenter.

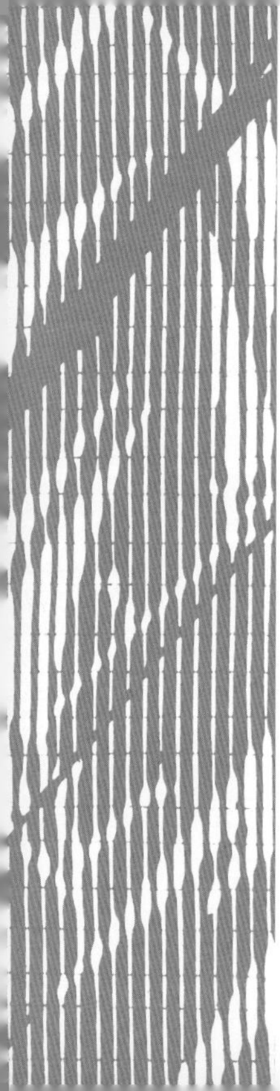

Les événements heureux qui reposent entièrement sur la chance n'arrivent pas toujours aux mêmes. Quiconque participe a une chance de gagner.

À chaque opportunité, faites entrer des gens nouveaux, intéressants et influents dans votre réseau de connaissances. La chance apporte la joie et le rire. L'infortune n'est drôle que lorsqu'il ne s'agit pas de la nôtre.

Quand Dieu créa l'humanité, croyez-vous honnêtement qu'il avait deux sacs – l'un plein de gens pour qui tout serait rose et l'autre plein de gens pour qui tout serait affreux ?

Gardez du temps pour vous-même. Donnez-vous l'opportunité chaque jour ou chaque semaine de vous asseoir et de noter consciencieusement tout ce qui s'est bien passé, les choses qui ont donné des résultats, celles que vous ont porté chance, et laissez tout le reste de côté. Relisez votre liste de temps à autres et vous vous apercevrez rapidement que le tableau n'est pas si noir que vous le pensiez.

Ouvrez-vous et tirez le meilleur de ce qui vous entoure.

Quand une opportunité frappe à votre porte, elle ne vous portera bonheur que si vous décidez d'ouvrir.

Il y a une grande différence entre le hasard et la chance. Le hasard peut nous faire gagner un prix alors que nous n'avons fait qu'acheter un billet de loterie, mais cela ne revient pas régulièrement. Plus le prix est important, plus on se sent chanceux, mais cela reste un événement isolé.

Raisonnablement, sans devenir excessif, ouvrez-vous à de nouvelles expériences. Tentez-en quelques-unes que vous avez l'habitude d'éviter.

Il existe incontestablement des gens qui se sentent toujours en veine et qui, peut-être par modestie, attribuent tout ce qu'ils ont obtenu à leur approche de la vie – ces gens-là construisent leur propre chance.

En vérité, très peu de choses dans la vie ne sont dues qu'à la chance. À chaque instant, chaque jour, nous contrôlons plus ce qui nous arrive que nous l'imaginons.

Utilisez l'opportunité du moment pour réfléchir à cela : pour avoir de la chance, il faut modifier sa façon de penser de manière à vivre différemment de ce que l'on a considéré jusqu'alors comme une vie malheureuse. Quand on est coincé dans sa routine, il faut s'en dégager et s'ouvrir un peu plus à la vie.

Lorsque quelqu'un plante un clou dans un mur et crève accidentellement une conduite d'eau, est-ce vraiment de la malchance ? Une autre personne s'y serait peut-être prise légèrement différemment et aurait planté son clou sans toucher le tuyau. La première personne trouvera sans doute que la seconde a plus de chance qu'elle, mais c'est peut-être qu'elle a fait en sorte que tout se passe bien.

Prenez le contrôle de la situation et ne vous éternisez pas sur vos malheurs.

Développez une approche et un mode de pensée périphériques. Certains sont si concentrés sur un seul objectif (parfois mauvais), qu'ils ne voient même pas les bonnes idées et les opportunités autour d'eux.

Toute les entreprises commerciales ou industrielles qui réussissent en sont arrivées là parce que celui qui les dirige n'a pas suivi un cheminement strict, mais a su saisir les opportunités et prendre les meilleures routes au moment où elles se présentaient.

Deux hommes ambitieux sont invités à la même fête. Ils remarquent la même femme. L'un s'avance tout de suite vers elle pour attirer son attention et passe la soirée à essayer de l'impressionner, mais elle hausse les épaules et il rentre chez lui dépité. L'autre homme se mêle aux autres, fait de nouvelles connaissances, établit un ou deux contacts professionnels, lance un sourire amical à la femme et se fait inviter à deux autres soirées auxquelles elle est également conviée.

Un mode de pensée négatif peut amener quelqu'un qui a eu un accident de voiture à croire qu'il est terriblement malchanceux, qu'il lui arrive toujours des tuiles. Un mode de pensée positif commencerait dès le jour de l'accident en se disant que c'est une bénédiction d'en être sorti vivant.

Ceux qui trouvent qu'ils n'ont pas de chance vivent souvent les mêmes expériences que ceux qui trouvent qu'ils en ont. La seule chose qui différencie ces deux groupes, c'est leur attitude.

Quand c'est possible, après tout naufrage, désastre, échec ou infortune, il suffit de s'en éloigner pour avoir l'opportunité d'affronter un autre jour.

La chance ne se résume pas seulement à penser positivement pour réussir. Elle apporte plus d'opportunités et, donc, plus de probabilités de succès.

Nous sommes prisonniers de nos actes. Les opportunités frappent à notre porte et nous sommes trop suspicieux pour leur ouvrir, et quand nous nous y décidons, il nous faut tellement de temps pour débrancher le système d'alarme et tout déverrouiller qu'elles sont déjà reparties.

Perdre n'est pas échouer. On ne parle d'échec que lorsque l'on n'a pas réussi à en tirer de leçon.

Tout le monde est opportuniste, mais chacun ne le sait être avec opportunité.

Maurice Chapelan

Même la plus lourde des tâches ou la plus pénible des corvées peut être transformée en opportunité en changeant de point de vue.

Qu'est ce qui fait la grandeur de quelqu'un ? La folie de ses ennemis, la sagesse des ses amis, la chance et les opportunités.

La plupart des gens cherchent tellement la réussite ailleurs qu'ils ne voient même pas qu'elle est si proche d'eux qu'il n'auraient qu'à tendre le bras pour la toucher.

Même la plus petite opportunité peut marquer le départ d'une grande entreprise.

Les défenses que l'on met en place pour se protéger des autres ont pour effet secondaire de nous emprisonner.

Les opportunités nous attendent en bout de piste, quand nous n'avons plus ni but ni énergie et que nous nous sentons complètement coincés. Elles sont là pour nous offrir des choix et des chances de tourner une nouvelle page pour redémarrer.

Le pessimiste ne voit que les difficultés de chaque opportunité. L'optimiste ne voit que les opportunités de chaque difficulté.

La chance d'avoir du talent ne suffit pas ; il faut encore le talent d'avoir de la chance.

Hector Berlioz

Tout le monde a sa chance de devenir aussi magnifique qu'il le souhaite.

Jeremy Collier

Les opportunités sont comme les bus – on attend pendant des heures puis il y en a trois qui arrivent en même temps.

On n'a rien a gagner à toujours croire que tout va empirer. Persuadez-vous que des jours meilleurs vous attendent et votre prophétie se réalisera peut-être.

Avec de la perspicacité et quelques efforts, les échecs d'hier peuvent devenir les opportunités de demain.

Les véritables opportunités sont juste sous notre nez pendant qu'on se laisse leurrer par tout ce qui est loin et difficile.

Il faut assiéger la chance, la conquérir et la forcer à servir nos objectifs.

Il est plutôt rassurant de savoir que la chance était déjà une préoccupation de l'être humain avant la naissance du Christ. Sénèque – professeur de Néron, philosophe stoïcien et homme d'État – affirmait déjà : « La chance est ce qui se produit lorsque la préparation rencontre l'opportunité. » C'est toujours le principe de base des motivateurs, des coaches personnels et des philosophes d'aujourd'hui.

C'est au milieu des difficultés que se trouvent les opportunités.

Albert Einstein

La chance ? J'ignore tout de la chance, je n'ai jamais misé sur elle et je me méfie des gens qui le font. Pour moi, la chance, c'est autre chose : le travail – et comprendre ce qui est une opportunité ou ce qui n'en est pas une.

Lucille Ball

Quelle que soit l'opportunité, elle convient forcément à qui sait la reconnaître et la saisir.

S'ils y prêtaient plus d'attention, ceux qui croient que la chance des autres est inscrite dans les astres s'apercevraient que ces étoiles sont en fait les étincelles de la meule de leurs efforts. Il faut donc rester vigilant et toujours se tenir prêt pour le moment où se présentera une opportunité.

Si je n'avais pas péché, qu'auriez-vous à me pardonner ?
Mon destin vous offre la chance d'être miséricordieux.

Ovide

On ne peut pas savoir à l'avance ce que vaut une opportunité. Elle se présente pour que l'on s'y confronte, et sa véritable valeur n'apparaît qu'avec du temps et du travail.

Un jour viendra qui commencera comme les autres jours ; puis viendra une heure qui commencera comme les autres heures ; et, pendant cette heure, viendra le moment où se présentera l'opportunité de toute une vie.

À chacun sa chance.
À chacun, quelle que soit sa naissance, une opportunité en or ; le droit de vivre, de travailler, d'être soi-même et de devenir ce que la clairvoyance et le travail lui permettent de construire. Telle est la promesse que la vie fait à tout le monde.

Dans la vie, tout n'est que chance.

Donald Trump

Qu'elles se présentent à visage découvert ou masquées, accueillez les opportunités avec la plus grande attention et cherchez leur signification aussi courageusement qu'ardemment.

Un sage cherchera toujours
à créer plus d'opportunités
qu'il n'en trouve.

Avec la chance, la seule chose dont on puisse être absolument certain, c'est qu'elle tourne.

Quand les choses vont mal,
ne perdez pas une seconde et
demandez-vous immédiatement à
quel point elles auraient pu être pires.

Quand on voit quelqu'un manquer des opportunités, on n'a pas le même sentiment que s'il perdait face à un adversaire plus fort que lui. Ce qui est tragique, c'est qu'on a l'impression de le regarder perdre contre lui-même.

Quelle que soit l'importance d'une opportunité, il y aura toujours quelqu'un pour se donner la peine de la saisir.

Le but de l'égalité des chances n'est pas que nous devenions tous identiques, mais d'offrir à chacun la liberté d'être différent et de tirer le meilleur de son potentiel.

Saisissez vos chances tant que vous le pouvez.

Au travail, en amitié ou en amour, la chance se construit petit à petit.

Tout pouvoir se doit de s’opposer à l’asservissement par la terreur et la force… Tout ce qu’il y a de valable dans la société humaine dépend des opportunités de développement que l’on accorde à l’individu.

Albert Einstein

Pour réussir en ce bas monde, il ne suffit pas de rester assis à attendre que les opportunités tombent du ciel. Il faut toujours être prêt à créer les siennes.

La vie est courte et les opportunités sont éphémères.

Rien ne sert d'avoir d'excellentes relations et d'être très intelligent, si l'on ne sait pas reconnaître et saisir les opportunités quand elles se présentent.

On n'est pas obligé d'attendre qu'une opportunité vienne frapper à sa porte. Si on le veut, on peut toujours aller frapper à la sienne.

Considérez chaque échec comme une opportunité de recommencer avec un peu plus de savoir que la fois précédente.

Le rôle de chacun est aussi unique que les opportunités le lui permettent.

Un vieux sage vous conseillera toujours de ne jamais laisser passer une opportunité de vous détendre ; ou une chance de rester assis à vous reposer.

Dans la vie, il y a une raison à tout. Quand quelqu'un a plus de chance que les autres, nous savons souvent pourquoi et ce qu'il nous reste à faire.

Commencez par être attentif et à l'écoute, ensuite vous pourrez compter sur la chance.

Il est toujours possible de sortir de l'ornière du sentiment de malchance. On peut avoir connu des échecs financiers ou personnels, vu tout partir de travers, l'amour se désagréger ou des choses s'écrouler mais, en regardant autour de soi, on retrouve les merveilles de ce monde : ses amis, ses enfants, ses collègues ou ses accomplissements. Tout donne envie de remercier le ciel et aide à prendre conscience de sa chance.

Utilisez vos infortunes pour nourrir votre détermination à obtenir de meilleurs résultats.

Dans la vie, pour se sentir chanceux, il est crucial de ne pas s'éterniser sur les aspects malheureux de son existence et d'en voir les aspects positifs. Lorsque l'on y parvient et que l'on regarde en arrière, on s'aperçoit de toutes les bonnes choses qui sont arrivées.

Dans la graphie chinoise, le mot « crise » se compose de deux idéogrammes : le premier représente le danger et le second, les opportunités.

John F. Kennedy

La nature a beaucoup à nous apprendre sur les opportunités. Quand les fleurs s'épanouissent… les abeilles arrivent.

Pensez au moustique qui n'est jamais bienvenu. Il n'attend pas une ouverture : il la crée.

On peut offrir les mêmes opportunités à tous les citoyens, mais on ne peut pas les rendre égaux par rapport à elles.

Il n'y a aucune excuse – chaque jour déborde d'opportunités : celle d'être honnête, celle d'être aimable, celle d'être soi-même.

Si vous êtes pêcheur et que vous avez la chance de croiser un homme qui a faim, vous pouvez prendre un poisson et le lui vendre. Si, en revanche, il est assez chanceux pour que vous ayez préféré lui apprendre à pêcher, vous avez gâché une superbe opportunité commerciale !

Un vieux dicton affirme que si vous pouvez voir le train, c'est que vous l'avez manqué.

Il y a quatre choses qui ne nous reviennent jamais : les mots que nous prononçons, les coups de feu que nous tirons, notre passé et toutes les opportunités négligées.

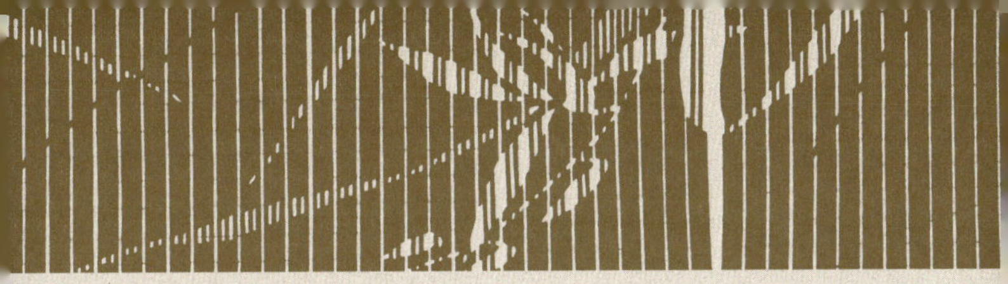

Le soleil se lève pour tout le monde.

Traverser la vie sans voir d'opportunités, c'est comme traverser un bois sans trouver de branches pour se chauffer.

Pour réussir, il faut une formation, de la discipline et du travail. Si cela ne vous fait pas peur, les opportunités ne risquent pas de manquer.

Nous ne regrettons pas les folies que nous avons commises dans notre vie. Ce sont celles que nous n'avons pas faites quand nous en avions l'opportunité qui nous blessent le plus.

Partez à la recherche des conditions qui vous conviennent et, si vous ne les trouvez pas, créez-les.

Beaucoup
d'opportunités se
perdent en palabres.

**Bien entendu, chacun
fait comme il veut,
mais il vaut mieux
tirer le meilleur de
ce qui arrive que
de ce qui part.**

Dieu peut seulement
donner l'opportunité.
Il ne peut pas en tirer
parti à notre place.

Les gens pensent qu'il y a peu de place au sommet. Ils ont tendance à croire qu'il s'agit de l'Everest. Mon message, c'est qu'il y a énormément de place au sommet.

Margaret Thatcher

Remettre au lendemain ce que l'on peut faire le jour même creuse la tombe des opportunités.

Il faut aborder les opportunités avec l'envie de les utiliser pour améliorer son propre sort et celui du reste du monde.

À chaque minute, une nouvelle opportunité est sur le point d'apparaître.

Essayez de toujours regarder vers la lumière. Vous ne risquez rien de plus que des picotements dans les yeux.

Certains prétendent que voir une ambulance porte malheur, à moins de retenir sa respiration jusqu'à ce que l'on croise un chien marron ou noir. Si vous suivez cette étrange coutume et que vous ne croisez pas de chien, vous aurez de la chance si vous voyez une autre ambulance venir à votre secours !

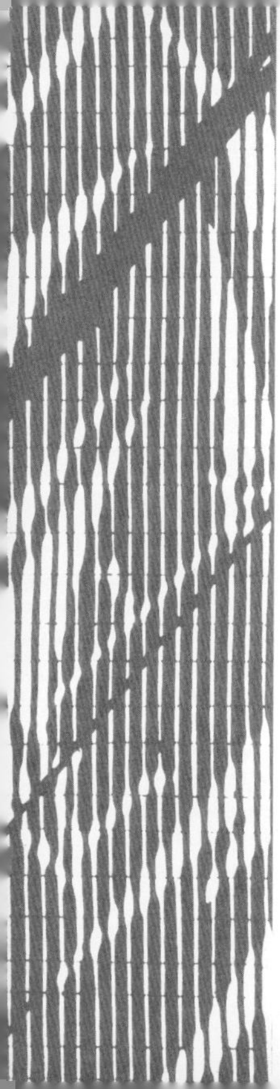

Il ne faut jamais ignorer son intuition et ses réactions immédiates. Elles nous conduisent souvent à prendre les meilleures décisions.

Quand les opportunités déposent le monde à vos pieds, mieux vaut être sûr de savoir où sont ses chaussures.

La pénurie d'opportunités est rare. Si vous avez l'impression que c'est le cas, il est plus probable que ce soit vous qui ne sachiez plus quelle direction vous voulez prendre.

Tirez le meilleur de tout ce qui se présente à vous.

Virginia Woolf

Là où il y a un esprit ouvert et une certaine détermination, il y aura toujours des opportunités.

La qualité de toute entreprise est égale et proportionnelle à la qualité des esprits qui la gèrent.

Une organisation excessive peut gâcher les opportunités car elle annihile l'improvisation.

Toute traduction est infidèle envers l'original et tout original est infidèle envers la traduction, mais les deux versions ont l'opportunité de briller.

Il faut traverser la circonférence du temps avant de parvenir au centre de l'opportunité.

Baltasar Gracián

Pensez « opportunité » et vos pensées seront bonnes.

Avez-vous entendu parler de la femme qui confondait ses tranquillisants avec ses pilules contraceptives ? Aujourd'hui, elle a douze enfants, mais elle s'en fiche complètement.

L'originalité naît du fait d'utiliser ses opportunités pour explorer des terres inconnues. Il faut frayer son chemin – inutile d'espérer s'y rendre en stop.

Penser à un avenir meilleur peut aider à prendre ses échecs avec optimisme et à garder l'envie de persévérer.

La pire malchance qui puisse tomber sur quelqu'un est qu'il ait la folie de croire qu'on n'est jamais mieux servi que par soi-même.

L'homme ne devrait mesurer l'originalité de ses travaux et de ses actes que par rapport à ses propres critères. Sinon, il risque d'avoir la malchance d'être victime de la folie qui veut que de pauvres gens applaudissent des imitations et huent l'innovation.

Traduit de l'anglais par Mickey Gaboriaud

Pour l'édition originale anglaise
publiée sous le titre
1000 Paths to Good Luck :

22, rue Huyghens
75014 Paris
www.albin-michel.fr

ISBN : 2 226 17197 5
N° d'édition : 13551
Dépôt légal : octobre 2006

Imprimé et relié en Chine